요한계시록의 시대

요한계시록의 시대

발행일   2015년 8월 28일

지은이   박 용 학
펴낸이   손 형 국
펴낸곳   (주)북랩
편집인   선일영   편집   서대종, 이소현, 이은지
디자인   이현수, 윤미리내, 임혜수   제작   박기성, 황동현, 구성우, 이탄석
마케팅   김회란, 박진관, 이희정, 김아름
출판등록   2004. 12. 1(제2012-000051호)
주소   서울시 금천구 가산디지털 1로 168, 우림라이온스밸리 B동 B113, 114호
홈페이지   www.book.co.kr
전화번호   (02)2026-5777   팩스   (02)2026-5747

ISBN   979-11-5585-713-7 03230(종이책)   979-11-5585-714-4 05230(전자책)

이 도서의 국립중앙도서관 출판예정도서목록(CIP)은 서지정보유통지원시스템 홈페이지(http://seoji.nl.go.kr)와
국가자료공동목록시스템(http://www.nl.go.kr/kolisnet)에서 이용하실 수 있습니다.
(CIP제어번호 : CIP2015023121)

요한계시록의 시대

박용학 지음

북랩 book Lab

머리말

    요한계시록의 말씀은 예수님께서 이 세상에 다시 오셔서 이 세상을 구원하신다는 말씀인데 지금의 시대에 예수님께서 정말로 이 땅에 재림을 하시는 것일까?

    그런데 만약 예수님께서 이 땅에 이미 재림을 하셨다면 기독교인들과 세상 사람들은 어떠한 반응을 보일까? 예수님의 재림을 증거하고 있는 나도 예수님의 재림을 확신하지 못하고 있는데, 그 동안의 경험에 비추어 당연히 맞이 간 사람이 또 나왔구나 생각할 것이다

    평범한 직장인이고 평범한 가장이며 평범한 사회인 중 한 명인 내가 계시록 전체를 풀이할 생각이 있었던 건 아니다. 호기심으로 간간히 계시록을 부분적으로 읽어 보았고, 부분적으로 나 나름대로 몇 차례 대충 해석도 해 보았지만, 계시록의 내용 전체를 알지 못했고 또 전체를 해석을 해서 세상에 알리고 싶지도 않았다. 나는 계시록을 해석할 능력도 없거니와 하늘 앞에 죄인일 뿐이라고 생각해 왔기 때문이다.

    그러한 내가 계시록 전체를 풀이하게 된 이유는 나에게 힘든 일이 생겼고 그 힘든 일이 우연히 이루어진 일이 아님을 느꼈기 때문이다.

계시록 풀이는 2014년 12월부터 2015년 3월까지 120일 동안 주로 새벽 시간에 기록했다. 계시록을 풀이하면서 놀란 것은 내가 모르던 계시록의 말씀들도 정말 쉽게 풀어졌다는 사실이다. 내가 풀이한 계시록의 내용이 사실과 다르다면 나는 하늘 앞에 큰 죄를 짓는 것이 되고, 이 글을 보시는 분들께도 죄를 짓는 일이 된다. 멀지 않은 시기에 모든 것이 검증되리라 믿는다.

글을 쓰는 솜씨가 없고 아는 지식이 적어 계시록의 내용을 제대로 표현하지 못하였지만, 계시록을 풀이하면서 늘 가슴속 마음에 비추어 내가 억지 주장을 하고 있지나 않은지 살펴보았기에 큰 무리를 하면서 해석한 부분이 없음을 밝힌다.

끝으로 하필 성경 지식도 별로 없고 문장력도 없는 내가 계시록을 풀이하게 되어, 이 글을 읽게 될 분들께 송구스럽다.

박용학

요한계시록

제1장

그리스도의 계시

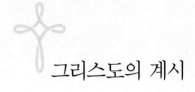

그리스도의 계시

1. 예수 그리스도의 계시라 이는 하나님이 그에게 주사 반드시 속히 될 일을 그 종들에게 보이시려고 그 천사를 그 종 요한에게 보내어 지시하신 것이라

반드시 속히 될 일은 어느 때를 말씀하고 있는 것일까? 요한계시록이 지금으로부터 최소 일천구백년 이전에 쓰였는데….

또한 내용이 온통 수수께끼로 가득 차 있어 요한계시록을 읽어도 그 내용을 알 수 가 없는 봉인된 하나님의 말씀인데….

'반드시 속히 될 일'이라는 것은 예수님께서 때가 되면 '아버지에 대한 것을 밝히 이르리라'는 요한복음 16장 25절의 말씀처럼, 재림에 대한 준비과정이 이루어진 다음에 요한계시록에 대한 비밀이 밝혀지고, 요한계시록의 비밀이 밝혀진 이후에는 재림이 반드시 속히 이루어진다는 말씀이다.

2. 요한은 하나님의 말씀과 예수 그리스도의 증거 곧 자기의 본 것을 다 증거하였느니라

3. 이 예언의 말씀을 읽는 자와 듣는 자들과 그 가운데 기록한 것을 지키는 자들이 복이 있나니 때가 가까움이라

  계시록 예언의 말씀을 읽고 들어도 무슨 내용인지 모르는데, 계시록 예언의 말씀을 읽고 들은들 무슨 소용이 있으랴! 이 예언의 말씀을 읽는 자와 듣는 자들과 그 가운데 기록한 것을 지키는 자들이 복이 있다는 것은 이 계시록 비밀의 내용을 밝히 이른 것을 읽고 들은 이들이 재림에 대한 것을 알게 되어 계시록에 기록된 것을 지키므로 복이 있다는 말씀이다.

4. 요한은 아시아에 있는 일곱 교회에 편지하노니 이제도 계시고 전에도 계시고 장차 오실 이와 그 보좌 앞에 일곱 영과

5. 또 충성된 증인으로 죽은 자들 가운데서 먼저 나시고 땅의 임금들의 머리가 되신 예수 그리스도로 말미암아 은혜와 평강이 너희에게 있기를 원하노라 우리를 사랑하사 그의 피로 우리 죄에서 우리를 해방하시고

  우리를 사랑하사 그의 피로 우리 죄에서 우리를 해방하시었다

는 것은 이천 년 이전에 예수님께서 골고다 언덕에서 십자가를 지고 피를 흘리며 돌아가심으로써 원죄를 청산하신 것을 말하는데, 원죄 때문에 구약시대의 거의 모든 장자들이 하나님의 축복을 받지 못하고 저주를 받았다. 이러한 원죄를 청산하기 위해 예수님께서 세상에 오셔서 장자의 직분을 받아 십자가에서 돌아가심으로써 원죄를 대속하여 신약시대에는 장자에 대한 저주가 사라지게 된 것이다.

6. 그 아버지 하나님을 위하여 우리를 나라와 제사장으로 삼으신 그에게 영광과 능력이 세세토록 있기를 원하노라 아멘

7. 볼지어다 구름을 타고 오시리라 각인의 눈이 그를 보겠고 그를 찌른 자들도 볼 터이요 땅에 있는 모든 족속이 그를 인하여 애곡하리니 그러하리라 아멘

구름을 타고 오신다는 것은 재림의 주께서 정결한 민족 중에서 정결된 육체의 몸을 통해 육의 몸으로 오신다는 말씀이다.

• 그때에 내가 구름으로 그 옷을 만들고 흑암으로 그 강보를 만들고
(욥기서 38:9절)
하나님께서 영혼의 옷으로 육체를 만들고 영혼의 포대기로 우주(흑암)를 만들었다는 말씀으로 육체를 구름으로 표현하고

있다. 육체는 인성의 옷이고 영의 일시적인 옷이다.

• 내가 또 밤 환상 중에 보니 인자 같은 이가 하늘 구름을 타고 와서 옛적
부터 항상 계신 이에게 나아가 그 앞으로 인도되매
그에게 권세와 영광과 나라를 주고 모든 백성과 나라들과 다른 언어를 말
하는 모든 자들이 그를 섬기게 하였으니 그의 권세는 소멸되지 아니하는
영원한 권세요 그의 나라는 멸망하지 아니할 것이라(다니엘7:13-14절)
초림의 때에도 예수님께서 하늘 구름을 타고 오신다고 하였으
나, 하늘 구름이 아닌 동정녀 마리아의 몸을 통해 육신을 입
고 이 세상에 오셨다.

• 물은 백성과 무리와 열국과 방언들이니라(요한계시록:17:15절)
구름은 물이 증발되어 올라간 것이므로 구름은 정결한 백성
과 무리와 민족과 족속들을 가리킨다.

• 이 말씀을 마치시고 그들이 보는데 올려져 가시니 구름이 그를 가리어
보이지 않게 하더라
올라가실 때에 제자들이 자세히 하늘을 쳐다보고 있는데 흰옷 입은 두
사람이 그들 곁에 서서 이르되 갈릴리 사람들아 어찌하여 서서 하늘을
쳐다보느냐
너희 가운데서 하늘로 올려지신 이 예수는 하늘로 가심을 본 그대로 오
시리라 하였느니라(사도행전1:9-11절)
예수님께서 하늘로 승천하실 때, 예수님께서 하늘로 승천하

신 후에도 예수님의 제자들이 계속해서 하늘을 물끄러미 바라보고 있자, 하늘로부터 두 천사가 내려와 예수님의 제자들에게 하신 말씀이다. 너희는 왜 지금까지 하늘만 물끄러미 바라보고 있느냐! 너희들이 지금 하늘만 물끄러미 바라보고 있는 이 순간 너희의 주님은 또 다시 저 밑바닥 인간세상에서 타락한 인간들을 구원하고자 서러운 피눈물을 흘리며 무거운 발걸음을 내딛고 있는데, 너희들은 왜 그렇게 하늘만 바라보고 있느냐! 너희의 주님은 너희가 본 대로(여인의 몸을 통해서 육신의 몸을 입고 버림받은 몸으로) 오시리라 하였느니라.

그러니 너희는 어서 속히 천국복음을 전파하라는 꾸지람의 말씀이다.

예수님께서 승천하시던 그 모습 그대로 후일 하늘 구름을 타고 재림하신다면 천사가 예수님 제자들에게 나타나 "갈릴리 사람들아 어찌하여 서서 하늘을 쳐다보느냐" 하고 책망할 이유가 없는 것이다.

- 그러나 저가 먼저 많은 고난을 받으며 이 세대에 버린바 되어야 할지니라
  (누가복음 17장 25절)

  초림 때처럼 재림 때에도 예수님께서 초라한 인간으로 오심으로써 이 세상 사람들로부터 비웃음을 당하고 이 세상 권세로부터 먼저 쫓기는 입장이 되리라는 말씀이다.

- 노아의 때에 된 것과 같이 인자의 때도 그러하리라(누가복음 17장 26절)

세상 대부분의 사람들이 노아를 비웃고 방주를 타지 않았듯
이 재림의 때도 육체를 입고 오신 재림의 주를 믿지 않는다는
말씀이다.

각인의 눈이 그를 보겠고

인류가 재림한 주님을 믿든지 안 믿든지 간에 재림주님께서 이
세상에 오셔서 당신을 증거하실 것이고 그 증거로 인하여 세상에
서는 논란의 대상이 될 것이므로, 그분을 재림주로 믿건 안 믿건
누구에게나 믿음의 기회는 주어지리라는 말씀이다.

그를 찌른 자들도 볼 터이요

주를 찌른 자들은 로마 병사들인데, 그들이 재림의 때에 윤회
에 따라 환생해 있을 수도 있겠지만, 그보다는 현 재림시대에서
재림주님과 그분의 일을 하는 이들을 핍박하고 박해하는 자들
을 가리킨다.

땅에 있는 모든 족속이 그를 인하여 애곡하리라

주께서 재림하여 하나님의 끝없는 사랑과 안타깝고 서러웠던
심정을 이 세상에 증거함으로써 그 증거로 인하여 세상의 많은
사람들이 하나님의 애달픈 사랑과 안타깝고 서러웠던 심정을 알
아 눈물을 흘린다는 말씀이다.

※ 구름을 타고 오신다고 한 이유

첫째는 적그리스도의 미혹을 막기 위함이다. 구름을 타고 오신다고 했는데
도 재림주로 자처하는 자들이 많이 나타나 사람들을 미혹하고 있다. 둘째는
하늘의 영광을 나타내 보여 하나님을 믿는 이들을 격려하기 위한 차원이다.

※ 다시 오신다는 의미

예수님께서 다시 오신다는 말씀은 영으로 오신다는 의미일까?
예수님께서 영으로는 늘 와 계시며 그 모습을 나타내 보인 적도 많은데….
예수님께서 큰 영광을 가지고 영으로 재림을 하신다면 육체로 살고 있는 우
리들이 예수님과 형제가 되고 친구가 될 수 있을까?

영의 의복은 원래 빛이다. 육체는 영을 성장시키기 위한 일시적인 의복일 뿐
이다. 하나님께서 육체는 조잡한 옷이라고 말씀하셨다. 그럼에도 영혼이 이
조잡한 육체의 옷을 입어야 하는 이유는 영적 성장이 필요하기 때문이다. 예
수님께서는 완전한 영이시다. 그런데도 육신을 입고 이 땅에 오신 이유는 미
완성인 우리와 형제가 되고 친구가 되기 위함이다. 우리를 생명의 길로 이끌
기 위해 스스로를 낮추어 오신 것이다. 낮추어 오신 주를 믿을 때에만 믿음이
형성되기 때문이다.

8. 주 하나님이 가라사대 나는 알파와 오메가라 이제도 있고 전
   에도 있었고 장차 올 자요 전능한 자라 하시더라

　　하나님께서도 이 세상에 오신다는 말씀인데 어떻게 오실까? 하
나님의 영은 모든 사람들의 내면에 계시는데, 대부분의 사람들

은 이를 모르고 설령 이 사실을 안다고 하더라도 하나님을 알지 못하기 때문에 하나님을 나타낼 수가 없다. 그러나 재림주님께서는 누구보다도 하나님을 잘 아시기 때문에 자기 속에 임재臨在해 계신 하나님을 나타내실 수 있다. 따라서 하나님께서는 하나님 자신을 세상에 나타내시기 위해 재림주님의 육체에 임재臨在하여 재림주님과 함께 이 세상에 오신다는 말씀이다.

9. 나 요한은 **너희 형제요 예수의 환난과 나라와 참음에 동참하는 자라 하나님의 말씀과 예수의 증거를 인하여 밧모라 하는 섬에 있었더니**

10. 주의 날에 내가 성령에 감동하여 내 뒤에서 나는 나팔 소리 같은 큰 음성을 들으니

11. **가로되 너 보는 것을 책에 써서 에베소, 서머나, 버가모, 두아디라, 사데, 빌라델비아, 라오디게아 일곱 교회에 보내라 하시기로**
    일곱 교회에 보내는 편지는 마지막 재림의 때에 임박하여 하나님을 믿는 모든 교회의 일곱 부류의 사람들에게 전하는 소식으로 책망과 위로의 말씀이다.

12. 몸을 돌이켜 나더러 말한 음성을 알아보려고 하여 돌이킬 때에 일곱 금 촛대를 보았는데

13. 촛대 사이에 인자 같은 이가 발에 끌리는 옷을 입고 가슴에 금 띠를 띠고

14. 그 머리와 털의 희기가 흰 양털 같고 눈 같으며 그의 눈은 불꽃 같고

15. 그의 발은 풀무에 단련한 빛난 주석 같고 그의 음성은 많은 물 소리와 같으며

16. 그 오른손에 일곱 별이 있고 그 입에서 좌우에 날선 검이 나오고 그 얼굴은 해가 힘 있게 비취는 것 같더라

　　20절에서 일곱 별은 일곱 교회의 사자라고 말씀하셨고 입에서 나오는 검은 하나님 진리의 말씀을 뜻하며 그 얼굴은 해가 힘 있게 비추는 것 같더라는 말씀은 얼굴에서 빛이 눈부시게 빛나고 있음을 말한다.

17. 내가 볼 때에 그 발 앞에 엎드러져 죽은 자 같이 되매 그가 오른손을 내게 얹고 가라사대 두려워 말라 나는 처음이요 나중이니

18. 곧 산 자라 내가 전에 죽었었노라 볼지어다 이제 세세토록 살아 있어 사망과 음부의 열쇠를 가졌노니

　　음지는 햇빛이 잘 들지 않는 그늘진 곳을 이르듯이 음부는 하나님 사랑의 빛이 잘 닿지 않아 영적으로 그늘진 곳으로 사탄의 세력이 모여 있는 곳을 말한다. 예수님께서 이제 세세토록 살아 있어 사망과 음부의 열쇠를 가졌다는 것은 예수님께서 사망과 음부를 타파할 주인공이시라는 말씀이다.

19. 그러므로 네 본 것과 이제 있는 일과 장차 될 일을 기록하라

20. 네 본 것은 내 오른손의 일곱 별의 비밀과 일곱 금촛대라 일곱 별은 일곱 교회의 사자요 일곱 촛대는 일곱 교회니라

　　일곱 별의 비밀과 일곱 금촛대의 비밀은 무엇일까? 일곱 별은 일곱 교회의 사자인 것과 일곱 금촛대는 일곱 교회인 것을 비밀이라고 한 것일까? 일곱 별의 비밀은 일곱 교회의 사자요 일곱

금촛대의 비밀은 일곱 교회라고 하지 않은 것을 볼 때 일곱별과 일곱 금촛대인 일곱 교회에 대한 비밀이 있음을 알 수 있다.

요한계시록이 재림의 때에 일어날 일을 기록한 것임을 상기하고 교회 사자에 대한 언급이 전혀 없다는 것을 알아챘다면 1900년 이전 교회인 에베소, 서머나, 버가모, 두아디라, 사데, 빌라델비아, 라오디게아 교회에 대한 편지는 그들 교회에게 보내는 편지가 아니라는 것을 알 수 있다. 단지 그 교회들의 이름을 빌려 편지라는 형식으로 모든 교회의 사람들에게 전하는 책망과 위로의 말씀인 것이다

일곱 교회에서 일곱은 하나님의 천지창조 7일을 상징으로 표현한 숫자이다. 계시록 5:6절 "내가 또 보니 보좌와 네 생물과 장로들 사이에 한 어린 양이 서 있는데 일찍이 죽임을 당한 것 같더라 그에게 일곱 뿔과 일곱 눈이 있으니 이 눈들은 온 땅에 보내심을 받은 하나님의 일곱 영이더라" 하여 하나님으로부터 온 땅에 보내심을 받은 일곱 영은 하나님의 천지창조 7일을 관장하고 있는 일곱 천사를 말씀하시는 것이다. 그리고 일곱 교회는 월, 화, 수, 목, 금, 토, 일을 상징적으로 표현한 숫자로 모든 교회를 뜻한다.

하나님의 천지창조 첫째 날은 빛을 창조하셨으니 일곱 천사 중 한 천사는 빛을 관장한다. 둘째 날은 하나님께서 공간과 물질을 구분하여 대우주를 창조하셨으니 한 천사는 대우주의 항성들과 행성들을 관장한다. 셋째 날은 하나님께서 육지와 바다, 그리고 식물들을 창조하셨으니 한 천사는 육지와 바다 그리고 식물들을 관장한다. 넷째 날은 하나님께서 대우주의 항성들과 행성들을

자전과 공전을 시켜 대우주를 운행하심으로써 한 천사는 대우주의 운행을 관장한다. 다섯째 날은 하나님께서 새들과 바다의 물고기들을 창조하셨으니 한 천사는 새들과 바다의 물고기들을 관장한다. 여섯째 날은 하나님께서 육지의 동물들과 인간들을 창조하셨으니 한 천사는 육지의 동물들과 인간들을 관장한다. 일곱째 날은 하나님께서 안식하셨으니 한 천사는 태초 이후에 창조되어 안식하는 모든 생명체들을 관장한다.

안식하는 생명체들을 관장한다는 것을 인간에게는 잠을 잘 수 있게 기운을 불어넣어 주고 동면하는 식물과 동물들에게는 동면을 할 수 있게 미리 동면에 대한 인식을 심어주는 것을 말한다.

사람들은 넷째 날 대우주를 운행한 것을 대우주를 창조한 것으로 잘못 해석하고 있는데 대우주는 둘째 날에 창조되었다. 첫째 날과 둘째 날 대우주의 창조 과정을 보면 태초에 하나님께서 하나의 차원을 두시는 그곳에 진동이 있었고 두 개의 차원을 두시니 그곳에 양극과 음극이 있었으며 세 개의 차원을 두시는 그곳에 에너지가 있었다. 하나님께서 네 개의 차원을 두시니 그곳에 빛이 있었고 다섯 개의 차원을 두시는 그곳에 전자가 있었으며 여섯 개의 차원을 두시니 그곳에 원자가 있었다. 하나님께서 일곱 개의 차원을 두시는 그곳에 분자가 있었고 여덟 개의 차원을 두시니 그곳에 물질이 있었으며 아홉 개의 차원을 두시니 그곳에 항성과 행성이 있었다. 하나님께서 열 개의 차원을 두시니 그곳에 항성계가 있었고 열 한 개의 차원을 두시니 그곳에 은하계가 있었으며 열두 개의 차원을 두시니 그곳에 대우주가 있었다.

- 하나님이 이르시되 물 가운데에 궁창이 있어 물과 물로 나뉘라 하시고
  (창세기1:6절)

  물이란 공간과 물질이 하나로 되어 있는 무극을 말하는데, 물 가운데에 궁창이 있어 물과 물로 나뉜다는 것은 콩을 갈아 놓은 콩물에 간수를 넣으면 두부와 물이 구분되는 현상처럼 무극이 대우주 만물과 빈 공간으로 나뉘는 것을 말한다.

- 하나님이 궁창을 만드사 궁창 아래의 물과 궁창 위의 물로 나뉘게 하시니 그대로 되니라(창세기1:7절)

  궁창 위의 물과 궁창 아래의 물이라는 것은 무극에 하나님의 이상理想이 전달되자 무극이 아랫물인 무극無極과 윗물인 태극太極으로 나뉘는 것을 말하는데, 이는 보통 섭씨 100도의 물이 섭씨 100도의 물과 섭씨 100도의 수증기로 나뉘는 현상과 동일해 섭씨 100도의 물이 무극이라면 수증기로 변한 물을 태극이라고 할 수 있다. 수증기가 하늘로 올라가 구름을 형성하듯이 태극에서 우주 만물이 태동하게 된다. 무극은 하나님께서 첫째 날 만드신 빛의 원초적 덩어리, 즉 대우주의 모체를 말한다.

- 하나님이 궁창을 하늘이라 부르시니라 저녁이 되고 아침이 되니 이는 둘째 날이니라(창세기1:8절)

  하늘이 창조되었다는 것은 우주가 창조되었다는 것을 뜻한다.

에베소, 서머나, 버가모,
두아디라 교회에 보내는 편지

에베소, 서머나, 버가모, 두아디라 교회에 보내는 편지

1. 에베소 교회의 사자에게 편지하라 오른손에 있는 일곱 별을 붙잡고 일곱 금 촛대 사이를 거니시는 이가 이르시되

   에베소 교회의 사자에게 보내는 편지는 교회에서 중추적인 역할을 하고 있는 장로들에게 전하는 말씀이다.

2. 내가 네 행위와 수고와 네 인내를 알고 또 악한 자들을 용납하지 아니한 것과 자칭 사도라 하되 아닌 자들을 시험하여 그의 거짓된 것을 네가 드러낸 것과

3. 또 네가 참고 내 이름을 위하여 견디고 게으르지 아니한 것을 아노라

4. 그러나 너를 책망할 것이 있나니 너의 처음 사랑을 버렸느니라

　　처음 사랑은 굶주리고 헐벗은 이웃들을 보살피는 사랑을 말한다.

5. 그러므로 어디서 떨어졌는지를 생각하고 회개하여 처음 행위를 가지라 만일 그리하지 아니하고 회개하지 아니하면 내가 네게 가서 네 촛대를 그 자리에서 옮기리라

　　교회가 외적 성장에 치우치다 보니 처음 사랑인 이웃사랑을 등한시한다는 책망의 말씀이다.

6. 오직 네게 이것이 있으니 네가 니골라 당의 행위를 미워하는도다 나도 이것을 미워하노라

　　니골라 당의 행위라는 것은 "사람의 영은 죄가 없고 순결하나 육신은 근본적으로 악하다. 육신은 먹고 마시고 방탕하고 음란하여 마음껏 쾌락을 추구해도 영혼에는 아무 상관이 없다"는 가르침에 따른 행위들을 말한다.

7. 귀 있는 자는 성령이 교회들에게 하시는 말씀을 들을지어다. 이기는 그에게는 내가 하나님의 낙원에 있는 생명나무의 열매를 주어 먹게 하리라

　　생명나무의 열매가 낙원에 있다는 말씀은 에덴동산이 지구에

있던 곳이 아니고 낙원에 있던 곳임을 알게 하는 말씀이다. 아담과 하와가 인류 최초로 하나님에 의해서 창조된 인간들이 아닌 것이다. 아담과 하와의 역사는 단지 육천 년에서 일만 삼천 년밖에 지나지 않았고 인류의 기원은 지금까지 밝혀진 것만 해도 수백만 년이다.

8. 서머나 교회의 사자에게 편지하라 처음이며 마지막이요 죽었다가 살아나신 이가 이르시되

　서머나 교회의 사자에게 보내는 편지는 부패한 기존 교회에 맞서 새로운 바람을 일으키는 개척교회와 같은 상태에 있는 교회에 전하는 말씀이다.

9. 내가 네 환난과 궁핍을 알거니와 실상은 네가 부요한 자니라 자칭 유대인이라 하는 자들의 비방도 알거니와 실상은 유대인이 아니요 사탄의 회당이라

　정통교회라고 해서 다 정통교회가 아니고 사탄의 회당으로 변질된 교회들이 대부분이라는 말씀이다. 사탄의 회당은 사탄에 의해 점령당한 교회를 말하고 유대인은 그 교회의 교인들을 말한다.

10. 너는 장차 받을 고난을 두려워하지 말라 볼지어다 마귀가 장차 너희 가운데에서 몇 사람을 옥에 던져 시험을 받게 하리니 너희가 십 일 동안 환난을 받으리라 네가 죽도록 충성하라 그리하면 내가 생명의 관을 네게 주리라

신실한 믿음을 갖고 신앙생활을 하는 이들 중 억울하게 옥에 갇혀 시험을 받게 될 이들이 발생한다는 말씀이다. 십 일은 열흘을 말하는 것이 아니고 두 자리 숫자로 적지 않은 기간을 말해 십 일 동안 환난을 받는다는 것은 적지 않은 기간 동안 옥살이를 한다는 말씀이다.

11. 귀 있는 자는 성령이 교회들에게 하시는 말씀을 들을지어다 이기는 자는 둘째 사망의 해를 받지 아니하리라

첫째 사망은 육체의 사망을 말하고 둘째의 사망은 영적인 사망을 말한다. 영적 사망은 영의 차원이 한 단계 이상 하락하는 것이다.

12. 버가모 교회의 사자에게 편지하라 좌우에 날선 검을 가지신 이가 이르시되

버가모 교회의 사자에게 보내는 편지는 공산화된 국가와 기독교의 세가 약한 국가에 있는 교회에 전하는 말씀이다.

13. 네가 어디에 사는 것을 내가 아노니 거기는 사탄의 권좌가 있
는 데라 네가 내 이름을 굳게 잡아서 내 충성된 증인 안디바가
너희 가운데 곧 사탄이 사는 곳에서 죽임을 당할 때에도 나를
믿는 믿음을 저버리지 아니 하였도다

안디바는 이교도 숭배의 중심지였던 버가모에서 하나님을 믿
고 이교도를 적대하다가 죽음을 당한 인물로 추정된다.

14. 그러나 네게 두어 가지 책망할 것이 있나니 거기 네게 발람의
교훈을 지키는 자들이 있도다 발람이 발락을 가르쳐 이스라엘
자손 앞에 걸림돌을 놓아 우상의 제물을 먹게 하였고 또 행음
하게 하였느니라

발람의 교훈은 민수기 22장을 보면, 모압 왕 발락이 메소포타
미아에서 선지자 발람을 뇌물로 매수해 데려와서는 이스라엘 사
람들을 저주해달라고 부탁하는 모습이 나온다. 발람은 자기 입
으로 이스라엘 백성을 저주하지는 않았지만 발락에게 이스라엘
백성을 멸망시키는 비밀을 알려주었다. 그 비밀은 우상의 제물을
먹게 하고 또 행음하게 하는 것이었다.

우상의 재물이라는 것은 자기 자신도 모르는 신을 세워 신봉
하게 하거나 이방의 신(사탄)을 세워 신봉하게 하여 갈취한 재물과
불의한 뇌물을 말한다. 또 하나님과의 관계에서 행음이라는 것
은 이방인의 신(사탄)을 섬기는 것과 하나님께 반하는 사상에 물
이 드는 것과 잘못된 믿음을 가르치거나 잘못된 믿음을 믿는 것

을 말한다. 또한 세속적인 것에 얽매여 자기 이득을 취하기 위해 모사를 꾸미는 것도 일종의 행음이다

15. 이와 같이 네게도 니골라 당의 교훈을 지키는 자들이 있도다
    니골라 당의 행위란? "사람의 영은 죄가 없고 순결하나 육신은 근본적으로 악하다. 육신은 먹고 마시고 방탕하고 음란하여 마음껏 쾌락을 추구해도 영혼에는 아무 상관없다"는 가르침에 따른 행위들을 말한다.

16. 그러므로 회개하라 그리하지 아니하면 내가 네게 속히 가서 내 입의 검으로 그들과 싸우리라
    '내 입의 검'은 하나님 진리의 말씀을 말한다.

17. 귀 있는 자는 성령이 교회들에게 하시는 말씀을 들을지어다 이기는 그에게는 내가 감추었던 만나를 주고 또 흰 돌을 줄 터인데 그 돌 위에 새 이름을 기록한 것이 있나니 받는 자 밖에는 그 이름을 알 사람이 없느니라
    만나는 영혼의 양식인 진리와 사랑을 말하고 흰 돌은 반석이신 예수님을 상징한다.

18. 두아디라 교회의 사자에게 편지하라 그 눈이 불꽃같고 그 발이 빛난 주석과 같은 하나님의 아들이 이르시되

두아디아 교회의 사자에게 보내는 편지는 목자들에게 전하는 말씀이다.

19. 내가 네 사업과 사랑과 믿음과 섬김과 인내를 아노니 네 나중 행위가 처음 것보다 많도다

목자들이 사업보다는 목회 일에 비중을 두고 일을 한다는 말씀이다.

20. 그러나 네게 책망할 일이 있노라 자칭 선지자라 하는 여자 이세벨을 네가 용납함이니 그가 내 종들을 가르쳐 꾀어 행음하게 하고 우상의 제물을 먹게 하는도다

이세벨은 바알 제사장의 딸로서 북왕국 이스라엘의 제7대 왕인 아합의 아내가 되어 남편 아합을 바알 숭배자로 만들었고(왕상 16:30-31, 21:25-26), 이스라엘 내에 음란하고 부패한 바알 숭배를 권장했으며, 수백 명의 바알과 아세라 선지자들을 포섭하여 조종했고, 사마리아에 바알 제단과 아세라 우상을 세웠다. 또 여호와의 선지자들을 박해하고 살해했던 악명 높은 여자이다.

자칭 선지자라 하는 여자 이세벨을 네가 용납한다는 것은 이방인의 신(사탄)을 섬기게 하는 이들과 하나님께 반하는 사상을 전파

하는 이들과 잘못된 믿음을 가르치는 이들과 자기도 모르는 신을 세워 신봉하게 하여 재물을 갈취하는 이들과 불의를 행하는 이들의 잘못된 행위를 바로 잡으려 하지 않는다는 책망의 말씀이다.

이방인의 신이란? 기독교에서 믿는 하나님을 제외한 다른 모든 신을 일컫는 것이 아니고 하나님께 반하는 사탄에 의해 세워진 신들을 말한다. 우주에는 수많은 우주인들이 살고 있는데 이들의 신들은 대부분 천사들이다. 붓다도 낙원에 계시지만 신으로 모셔지듯 대우주의 우주인들도 그곳에서 배출해 낙원에 간 분들을 신으로 모시거나 그곳을 관리하는 천사들을 신으로 모시고 있다. 특별하게 지구에서 하나님을 직접 신으로 모시게 된 것은 아담과 하와가 원래 낙원에 있던 이들이기 때문이다. 아담과 하와가 천사의 급에 있었으므로 그들의 신은 천국에 계신 하나님 아버지이셨다. 우주인들이 천사들을 신으로 믿는 것과 지구인들이 붓다를 신으로 믿는 것을 이방인의 신을 믿는 것이라 하지 않는다. 하나님을 믿든 붓다를 믿든 모두 하나님께로 가기 위한 여정이다. 산봉우리로 연결된 등산로는 여러 개가 있을 수 있다. 각자 자기에게 알맞은 등산로를 선택할 수 있는 것이다. 문제는 하나님을 믿는다고 해서 하나님을 믿는 것이 아니고 붓다를 믿는다고 해서 붓다를 믿는 것이 아닌 데 있다. 예수님께서 맺은 열매를 보고 그 나무를 알 수 있다고 말씀하셨듯이(마태7:16) 사람들이 신을 믿으면서 어떻게 변하였는지를 보면 그가 믿는 신을 알 수 있다. 예수님과 같은 사람으로 변하면 예수님을 믿는 것이고 붓다 같은 사람으로 변하면 붓다를 믿는 것이다. 짐승의 형상을 하고 짐승과 같은 행동을 하면 이는 하나님과 예수님을 믿는다고 해도 하나님과 예수님을 믿는 것이 아니라 짐승을 믿는 것이다. "믿음 천국, 불신 지옥"이라며 식식거리는 사람들은 이미 마귀에 사로잡힌 사람들이다. 예수님께서 전하신 말씀은 하나같이 하나님에 대한 사랑이었다. 하나님을 알리기 위해 밀알이 되셨다. 그럼에도 하나님과 예수님을 믿는다는 이들은 하나님을 알리고 하지 않고 예수님을 알려고도 하지 않는다. 오직 믿음으로 영생을 얻는다는 것이다. 믿음이 무엇인지도 모르면서 말이다. 영생은 곧 유일하신 참 하나님과 그가 보내신 자 예수 그리스도를 아는 것이라고 했다(요한17:3). 안다는 것은 국민들이 대통령이 누구인지 안다는 그런 개념이 아니다. 청와대에 들어갈 수 있는 사람은 보통 국무위원이나 당수, 대통령 가족과 친구 등이 있듯이 소위 기독교인들이 말하는 천국에 가기 위해서는 하나님과 예수님과의 교제를 통해 성령으로 거듭나 부자지간의 관계나 스승과 제자 등의 관계가 형성이 되어 하나님과 일체를 이루어야 한다.

21. 또 내가 그에게 회개할 기회를 주었으되 자기의 음행을 회개하고자 하지 아니하는도다

음행이라는 것은 이방인의 신(사탄)을 섬기는 것과 하나님께 반하는 사상에 물이 드는 것과 잘못된 믿음을 가르치거나 잘못된 믿음을 믿는 것을 말한다. 또한 세속적인 것에 얽매여 자기 이득을 취하기 위해 모사를 꾸미는 것도 일종의 음행이다.

22. 볼지어다 내가 그를 침상에 던질 터이요 또 그와 더불어 간음하는 자들도 만일 그의 행위를 회개하지 아니하면 큰 환난 가운데에 던지고

그를 침상에 던진다는 것은 음행하는 목자를 목자의 자리에서 끌어내린다는 말씀이고 또 그와 더불어 간음하는 자들이란 음행하는 목자 밑에서 잘못된 가르침을 따르는 교인들을 말한다.

23. 또 내가 사망으로 그의 자녀를 죽이리니 모든 교회가 나는 사람의 뜻과 마음을 살피는 자인 줄 알지라 내가 너희 각 사람의 행위대로 갚아 주리라

그의 자녀라는 것은 음행하는 목자들이 관리하는 신도들을 뜻하고, 내가 사망으로 그의 자녀를 죽인다는 것은 음행하는 목자 밑에서 잘못된 믿음을 믿는 신도들을 영적으로 심판을 한다는 말씀이다.

24. 두아디라에 남아 있어 이 교훈을 받지 아니하고 소위 사탄의 깊은 것을 알지 못하는 너희에게 말하노니 다른 짐으로 너희에게 지울 것은 없노라

하나님의 시험은 시련으로 다가오고 사탄의 시험은 유혹으로 다가오는데, 하나님의 시험을 통과하기 위해서는 혹독한 시련 속에서도 변하지 않는 믿음이 있어야 한다. 사탄의 시험은 사랑의

유혹과 재물의 유혹 그리고 명예(감투)의 유혹으로 다가오기도 하지만, 보통은 당신은 특별하다는 유혹으로 다가오는데 보통의 사람들은 그러한 유혹이 사탄의 유혹인지 모르기 때문에 사탄의 깊은 것을 알지 못한다고 말씀하신 것이다.

25. **다만 너희에게 있는 것을 내가 올 때까지 굳게 잡으라**

있는 것만 지켜라 즉 마지막까지 배신하지 말라는 말씀이다.

26. **이기는 자와 끝까지 내 일을 지키는 그에게 만국을 다스리는 권세를 주리니**

27. **그가 철장을 가지고 그들을 다스려 질그릇 깨뜨리는 것과 같이 하리라 나도 내 아버지께 받은 것이 그러하니라**

철장은 하나님 진리의 말씀을 뜻하고, 이기는 자와 끝까지 내 일을 지키는 그에게 하나님 진리의 말씀으로 만국을 힘 있게 다스리는 권세를 주신다는 말씀이다.

28. 내가 또 그에게 새벽 별을 주리라

  새벽별은 예수님을 상징하며, 배신하지 않는 그에게 예수님을
만나게 하신다는 말씀이다.

29. 귀 있는 자는 성령이 교회들에게 하시는 말씀을 들을지어다

사데, 빌라델비아,
라오디게아 교회에 보내는 편지

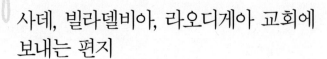

사데, 빌라델비아, 라오디게아 교회에 보내는 편지

1. 사데 교회의 사자에게 편지하라 하나님의 일곱 영과 일곱별을 가지신 이가 이르시되 내가 네 행위를 아노니 네가 살았다 하는 이름은 가졌으나 죽은 자로다

   사데 교회의 사자에게 보내는 편지는 교회의 의례에 대한 책망의 말씀이다.

2. 너는 일깨어 그 남은 바 죽게 된 것을 굳건하게 하라 내 하나님 앞에 네 행위의 온전한 것을 찾지 못하였노니

   교회에서 행해지는 의례가 제대로 된 것이 거의 없다는 말씀이다.

3. 그러므로 네가 어떻게 받았으며 어떻게 들었는지 생각하고 지켜 회개하라 만일 일깨지 아니하면 내가 도둑 같이 이르리니 어느 때에 네게 이를는지 네가 알지 못하리라

4. 그러나 사데에 그 옷을 더럽히지 아니한 자 몇 명이 네게 있어 흰 옷을 입고 나와 함께 다니리니 그들은 합당한 자인 연고라

   '사데'란 '남은 물건'이라는 뜻이고 옷은 행실을 뜻하므로, 사데에 그 옷을 더럽히지 아니한 몇 명이 있다는 것은 사데로 인해 대부분의 사람들의 행실이 잘못되었다는 말씀이다. 그런데 이 사데는 성당과 교회에서의 전통적인 의례를 일컬어 성당과 교회의 잘못된 의례 때문에 대부분의 신도들이 잘못된 의례를 행하고 있다는 말씀이다. 성당에서의 고해성사와 교회에서의 통성기도 등은 잘못된 의례 중 하나이다.

5. 이기는 자는 이와 같이 흰 옷을 입을 것이요 내가 그 이름을 생명책에서 결코 지우지 아니하고 그 이름을 내 아버지 앞과 그의 천사들 앞에서 시인하리라

6. 귀 있는 자는 성령이 교회들에게 하시는 말씀을 들을지어다

7. 빌라델비아 교회의 사자에게 편지하라 거룩하고 진실하사 다
   윗의 열쇠를 가지신 이 곧 열면 닫을 사람이 없고 닫으면 열 사
   람이 없는 그가 이르시되

   빌라델비아 교회의 사자에게 보내는 편지는 기존 교회의 이름
   을 가지지 않은 회당으로 새로운 가르침을 가지고 태동한 회당에
   게 전하는 말씀이다.

   서머나 교회는 기존 교회에서 파생된 교회인 데 반해, 빌라델
   비아 교회는 전혀 새로운 회당으로 교회라는 이름이나 선교회라
   는 이름을 가지고 있지 않다.

8. 볼지어다 내가 네 앞에 열린 문을 두었으되 능히 닫을 사람이 없
   으리라 내가 네 행위를 아노니 네가 작은 능력을 가지고서도 내
   말을 지키며 내 이름을 배반하지 아니 하였도다

   작은 능력이라는 것은 그 회당의 세가 약하다는 말씀이다.

9. 보라 사탄의 회당 곧 자칭 유대인이라 하나 그렇지 아니하고 거
   짓말 하는 자들 중에서 몇을 네게 주어 그들로 와서 네 발 앞에
   절하게 하고 내가 너를 사랑하는 줄을 알게 하리라

사탄의 회당은 사탄에 의해 점령당한 교회를 말하고 유대인은 그 교회의 교인들을 말한다. 사탄의 회당 곧 자칭 유대인이라 하나 그렇지 아니하고 거짓말 하는 자들 중에서 몇을 네게 주어 그들로 와서 네 발 앞에 절하게 한다는 것은 사탄에 의해 점령당한 교회의 교인 몇 명이 다니던 교회를 개종한다는 말씀이다.

10. 네가 나의 인내의 말씀을 지켰은즉 내가 또한 너를 지켜 시험의 때를 면하게 하리니 이는 장차 온 세상에 임하여 땅에 거하는 자들을 시험할 때라

11. 내가 속히 오리니 네가 가진 것을 굳게 잡아 아무도 네 면류관을 빼앗지 못하게 하라

12. 이기는 자는 내 하나님 성전에 기둥이 되게 하리니 그가 결코 다시 나가지 아니하리라 내가 하나님의 이름과 하나님의 성 곧 하늘에서 내 하나님께로부터 내려오는 새 예루살렘의 이름과 나의 새 이름을 그이 위에 기록하리라

하늘에서 내 하나님께로부터 내려오는 새 예루살렘의 이름은 낙원의 에덴동산을 말하고 나의 새 이름이라는 것은 재림한 예수님의 새 이름을 말해 예수라는 이름으로 오시지 않고 새로운

이름을 가지고 오신다는 말씀이며, 이기는 자에게는 하나님의 이름과 낙원에 있는 에덴동산의 새 이름과 재림한 예수님의 새 이름을 알게 하여 구원을 받게 하신다는 말씀이다.

13. 귀 있는 자는 성령이 교회들에게 하시는 말씀을 들을지어다

14. 라오디게아 교회의 사자에게 편지하라 아멘이시오 충성되고 참된 증인이시오 하나님의 창조의 근본이신 이가 이르시되
   라오디게아 교회의 사자에게 보내는 편지는 물질적으로 부유한 교회들과 교인들에게 전하는 말씀이다.

15. 내가 네 행위를 아노니 네가 차지도 아니하고 뜨겁지도 아니하도다 네가 차든지 뜨겁든지 하기를 원하노라
   물질적으로 부족한 것이 거의 없다 보니 신앙생활에 열성이 없어 책망을 받는 말씀이다.

16. 네가 이같이 미지근하여 뜨겁지도 아니하고 차지도 아니하니 내 입에서 너를 토하여 버리리라

17. 네가 말하기를 나는 부자라 부요하여 부족한 것이 없다 하나
    네 곤고한 것과 가련한 것과 가난한 것과 눈 먼 것과 벌거벗은
    것을 알지 못하는 도다

    물질적으로는 부유하나 영적으로는 정반대라는 말씀이다.

18. 내가 너를 원하노니 내게서 불로 연단한 금을 사서 부요하게 하
    고 흰 옷을 사서 입어 벌거벗은 수치를 보이지 않게 하고 안약
    을 사서 눈에 발라 보게 하라

    '불로 연단한 금'이란 시련을 통한 믿음을, '흰 옷'이란 올바른 행
    실을 말한다.

19. 무릇 내가 사랑하는 자를 책망하여 징계하노니 그러므로 네가
    열심을 내라 회개하라

20. 볼지어다 내가 문 밖에 서서 두드리노니 누구든지 내 음성을 듣
    고 문을 열면 내가 그에게로 들어가 그와 더불어 먹고 그는 나
    와 더불어 먹으리라

21. 이기는 그에게는 내가 내 보좌에 함께 앉게 하여 주기를 내가 이기고 아버지 보좌에 함께 앉은 것과 같이 하리라

22. 귀 있는 자는 성령이 교회들에게 하시는 말씀을 들을지어다

네 생물과
이십사 장로들의 비밀

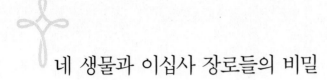

네 생물과 이십사 장로들의 비밀

1. 이 일 후에 내가 보니 하늘에 열린 문이 있는데 내가 들은 바 처음에 내게 말하던 나팔 소리 같은 그 음성이 이르되 이리로 올라오라 이 후에 마땅히 일어날 일들을 내가 네게 보이리라 하시더라

2. 내가 곧 성령에 감동되었더니 보라 하늘에 보좌를 베풀었고 그 보좌 위에 앉으신 이가 있는데

   보좌는 자리를 말하고 이곳에서의 자리는 하나님의 자리로 대 우주를 권장하는 최고의 핵심 자리를 말한다.

3. 앉으신 이의 모양이 벽옥과 홍보석 같고 또 무지개가 있어 보좌 에 둘렸는데 그 모양이 녹보석 같더라

하나님의 영적인 모습을 표현한 것으로 빛이 눈부시게 나는데 벽옥과 홍보석에서 나오는 빛과 같고 또 다른 빛이 무지개처럼 둥글게 보좌를 둘렀는데 그 빛은 녹보석에서 나오는 빛과 같다는 말씀이다.

4. 또 보좌에 둘려 이십사 보좌들이 있고 그 보좌들 위에 이십사 장로들이 흰 옷을 입고 머리에 금관을 쓰고 앉았더라

   하나님 보좌에 둘러 이십사 보좌들이라는 것은 대우주 운행에 따른 24절기를 말하고 보좌들 위에 이십사 장로들이라는 것은 24절기를 관장하는 천사들을 말한다. 24절기를 관장하는 천사들이 흰 옷을 입고 머리에 금관을 쓰고 있다는 것은 올바른 행실과 변하지 않는 충성심으로 하나님을 보좌하고 있다는 말씀이다.

5. 보좌로부터 번개와 음성과 우렛소리가 나고 보좌 앞에 켠 등불 일곱이 있으니 이는 하나님의 일곱 영이라

   보좌로부터 번개와 음성과 우렛소리가 난다는 것은 하나님의 영광과 권능이 나타남을 말하고 하나님의 일곱 영이라는 것은 하나님께서 천지를 창조하신 날들과 안식하신 날인 월, 화, 수, 목, 금, 토, 일을 관장하는 대천사들을 지칭한다.

6. 보좌 앞에 수정과 같은 유리 바다가 있고 보좌 가운데와 보좌 주위에 네 생물이 있는데 앞뒤에 눈들이 가득 하더라

　수정과 같은 유리 바다는 대우주를 한눈으로 바라본 것을 말하고 보좌 가운데와 보좌 주위라는 것은 대우주를 운행하는 자리 가운데와 주위를 말하며 네 생물은 우주의 4계절 봄, 여름, 가을, 겨울을 관장하는 천사들을 말한다. 앞뒤에 눈들이 가득하다는 것은 눈은 영들을 지칭해 봄과 여름과 가을과 겨울을 관장하는 천사들이 많다는 말씀이다. 사계절을 관장하는 천사들은 계절에 따라 각각 수많은 천사들이 배치돼 있고 그 천사들을 통솔하는 천사장이 각각 있다.

7. 그 첫째 생물은 사자 같고 그 둘째 생물은 송아지 같고 그 셋째 생물은 얼굴이 사람 같고 그 넷째 생물은 날아가는 독수리 같은데

　그 첫째 생물은 사자 같다는 것은 사계절 중 봄을 관장하는 천사장의 성품이 사자처럼 용감하고 저돌적임을 뜻한다. 그 둘째 생물은 송아지 같다는 것은 여름을 관장하는 천사장의 성품이 송아지가 어미 소를 절대적으로 신뢰하듯 하나님께 충성하는 성품을 말한다. 그 셋째 생물은 얼굴이 사람 같다는 것은 가을을 관장하는 천사장의 성품이 인간처럼 유동적인 성품을 지녔음을 뜻한다. 그 넷째 생물은 날아가는 독수리 같다는 것은 겨울을 관장하는 천사장의 성품이 독수리처럼 예리하고 날카로운 성

품을 지녔음을 말한다

8. 네 생물은 각각 여섯 날개를 가졌고 그 안과 주위에는 눈들이 가득하더라 그들이 밤낮 쉬지 않고 이르기를 거룩하다 거룩하다 거룩하다 주 하나님 곧 전능하신 이여 전에도 계셨고 이제도 계시고 장차 오실이시라 하고

　네 생물은 각각 여섯 날개를 가졌다는 것은 사계절이 각각 6개의 절기로 이루어졌다는 것으로 1년이 총 24절기로 이루어졌음을 말한다. 눈들이 가득하다는 것은 영들이 가득하다는 것으로 사계절을 관장하는 천사들이 많음을 뜻한다.

9. 그 생물들이 보좌에 앉으사 세세토록 살아 계시는 이에게 영광과 존귀와 감사를 돌릴 때에

　그 생물들이 보좌에 앉아 있다는 것은 사계절을 관장하는 천사장들이 재림의 때에도 사계절을 관장하는 직분을 맡았다는 것을 말한다.

10. 이십사 장로들이 보좌에 앉으신 이 앞에 엎드려 세세토록 살아
    계시는 이에게 경배하고 자기의 관을 보좌 앞에 드리며 이르되

    세세토록 살아 계시는 이는 하나님을 말하고 하나님을 경배하
    고 자기의 관을 보좌 앞에 드린다는 것은 사계절을 관장하는 천
    사장들 밑에 24절기를 관장하는 24명의 천사들의 임기가 끝났다
    는 것을 말한다. 이는 재림의 시대인 현재가 쌍어궁(물고기)의 시
    대가 끝이 나고 보병궁(물병)의 시대가 도래되었음을 뜻한다.

11. 우리 주 하나님이여 영광과 존귀와 권능을 받으시는 것이 합당
    하오니 주께서 만물을 지으신지라 만물이 주의 뜻대로 있었고
    또 지으심을 받았나이다 하더라

요한계시록

제5장

두루마리와 어린 양

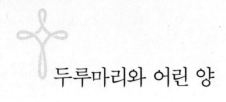

두루마리와 어린 양

1. 내가 보매 보좌에 앉으신 이의 오른손에 두루마리가 있으니 안 팎으로 썼고 일곱 인으로 봉하였더라

2. 또 보매 힘 있는 천사가 큰 음성으로 외치기를 누가 그 두루마 리를 펴며 그 인을 떼기에 합당하냐 하나

3. 하늘 위에나 땅 위에나 땅 아래에 능히 그 두루마리를 펴거나 보거나 할 자가 없더라

4. 그 두루마리를 펴거나 보거나 하기에 합당한 자가 보이지 아니 하기로 내가 크게 울었더니

5. 장로 중의 한 사람이 내게 말하되 울지 말라 유대 지파의 사자 다윗의 뿌리가 이겼으니 그 두루마리와 그 일곱 인을 떼시리라 하더라

　　장로 중의 한 사람은 절기를 관장하는 한 천사를 뜻하는데, 이 절기를 다스리는 한 천사가 내게 말하되 유대 지파의 사자 다윗의 뿌리인 예수님이 그 두루마리와 그 일곱 인을 떼시리라는 말씀이다.

6. 내가 또 보니 보좌와 네 생물과 장로들 사이에 한 어린 양이 서 있는데 일찍이 죽임을 당한 것 같더라 그에게 일곱 뿔과 일곱 눈이 있으니 이 눈들은 온 땅에 보내심을 받은 하나님의 일곱 영이더라

　　하나님과 사계절을 관장하는 네 천사장과 24절기를 관장하는 24명의 천사들 사이에 십자가에서 돌아가신 예수님께서 서 있는데, 그에게 일곱 뿔과 일곱 눈이 있다는 것은 뿔은 보통 권세를 가진 왕을 지칭하나 예수님께서 가지고 계신 일곱 뿔은 일곱 교회의 사자를 말하고 일곱 눈은 온 땅에 보내심을 받은 하나님의 일곱 영이라 하여 하나님으로부터 요일을 관장하는 임무를 맡은 7명의 대천사들을 뜻하므로, 예수님께서 일곱 교회(모든 교회)의 사자들과 요일을 관장하는 임무를 맡은 7명의 대천사들과 함께 하신다는 말씀이다.

7. 그 어린 양이 나아와서 보좌에 앉으신 이의 오른손에서 두루마리를 취하시니라

8. 그 두루마리를 취하시매 네 생물과 이십사 장로들이 그 어린 양 앞에 엎드려 각각 거문고와 향이 가득한 금 대접을 가졌으니 이 향은 성도의 기도들이라

　　네 생물과 이십사 장로들이 그 어린 양 앞에 엎드려 각각 거문고와 향이 가득한 금 대접을 가졌다는 것은 재림의 새로운 시대를 열기 위해 준비를 하고 있다는 말씀이다.

9. 그들이 새 노래를 불러 이르되 두루마리를 가지시고 그 인봉을 떼기에 합당하시도다 일찍이 죽임을 당하사 각 족속과 방언과 백성과 나라 가운데에서 사람들을 피로 사서 하나님께 드리시고

　　새 노래를 부른다는 것은 새로운 시대가 도래되었다는 것을 알리는 것이고, 예수님께서 사람들을 피로 사서 하나님께 드렸다는 것은 이천 년 이전에 예수님께서 십자가에 피를 흘리고 돌아가심으로써 원죄를 청산하신 것을 말하는데, 원죄 때문에 구약시대의 거의 모든 장자들이 하나님의 축복을 받지 못하고 저주를 받았다. 이러한 원죄를 청산하기 위해 예수님께서 세상에 오셔서 장자의 직분을 받아 십자가에서 죽으심으로써 원죄를 대속하여 신약시대에는 장자에 대한 저주가 사라지게 된 것이다.

구체적인 내용과 의미는 다음에 다시 이야기한다.

10. 그들로 우리 하나님 앞에서 나라와 제사장들을 삼으셨으니 그
    들이 땅에서 왕 노릇 하리로다 하더라

11. 내가 또 보고 들으매 보좌와 생물들과 장로들을 둘러 선 많은
    천사의 음성이 있으니 그 수가 만만이요 천천이라
       천사의 음성이 있으니 그 수가 만만이요 천천이라는 것은 천사
    의 수가 많음을 표현한 것이다

13. 내가 또 들으니 하늘 위에와 땅 위에와 땅 아래와 바다 위에
    와 또 그 가운데 모든 피조물이 이르되 보좌에 앉으신 이와 어
    린 양에게 찬송과 존귀와 영광과 권능을 세세토록 돌릴지어다
    하니

14. 네 생물이 이르되 아멘 하고 장로들은 엎드려 경배하더라

요한계시록

제6장

일곱 봉인에 담긴 비밀

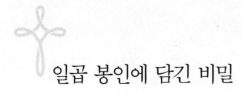

일곱 봉인에 담긴 비밀

1. 내가 보매 어린 양이 일곱 인 중의 하나를 떼시는데 그 때에 내가 들으니 네 생물 중의 하나가 우렛소리 같이 말하되 오라 하기로

2. 이에 내가 보니 흰 말이 있는데 그 탄 자가 활을 가졌고 면류관을 받고 나아가서 이기고 또 이기려고 하더라

   말은 바람이 불게 될 이념에 따른 주의나 사상적 조류를 뜻하고 흰색은 계시록에서 오염되지 않은 깨끗하고 순수한 색으로 표현되고 죄가 없는 하나님의 색으로 표현되는 것으로 볼 때, 흰 말은 복음 운동을 의미한다. 활은 복음 전파의 수단이 되는 전도 행위를 말하고 이기고 또 이기려고 한다는 것은 복음이 전 세계로 전파되려고 한다는 말씀이다.

3. 둘째 인을 떼실 때에 내가 들으니 둘째 생물이 말하되 오라 하니

4. 이에 다른 붉은 말이 나오더라 그 탄 자가 허락을 받아 땅에서 화평을 제하여 버리며 서로 죽이게 하고 또 큰 칼을 받았더라

　　붉은 말은 공산주의를 뜻하고 그 탄 자가 허락을 받아 땅에서 화평을 제하여 버리며 서로 죽이게 하고 또 큰 칼을 받았다는 것은 공산화에 따른 학살과 숙청 그리고 침략과 전쟁이 있음을 말한다. 공산주의 사상에 물든 사람들이 빨간색이 많이 들어간 군복을 즐겨 입어 공산주의에 물든 사람을 빨갱이라고 부르게 된 것은 우연의 일치가 아니다.

5. 셋째 인을 떼실 때에 내가 들으니 셋째 생물이 말하되 오라 하기로 내가 보니 검은 말이 나오는데 그 탄 자가 손에 저울을 가졌더라

　　검은 말은 자본주의에 따른 물질만능주의를 뜻하고 자본주의에 따른 물질만능이 사람들에게 영적인 사망을 이르게 하므로, 자본주의에 따른 물질만능주의를 검은 말로 표현한 것이다. 그 탄 자가 손에 저울을 가졌다는 것은 자본주의에서는 재물을 얼마만큼 가지고 있느냐에 따라 인간의 가치를 판단한다는 것이다.

6. 내가 네 생물 사이로부터 나는 듯한 음성을 들으니 이르되 한 데나리온에 밀 한 되요 한 데나리온에 보리 석 되로다 또 감람유와 포도주는 해치지 말라 하더라

한 데나리온이 노동자 하루 품삯이어서 하루 품삯을 받아 밀 한 되 또는 보리 석 되를 살 수 있다는 말씀은 자본주의 속에서 일반백성들의 생활의 궁핍함을 표현한 것이고 감람유와 포도주는 해치치 말라는 말씀은 감람유는 등불을 켜는 기름으로 영혼의 길에 불을 밝히는 기름을 말하고 포도주는 예수님의 최후의 만찬에서 볼 수 있듯이 예수님 보혈의 피, 즉 죄를 사함 받는 영생수를 상징하므로, 영혼이 깨어 있는 이들과 구원을 받아 거듭난 이들은 물질만능주의에 빠져들지 않는다는 말씀이다.

7. 넷째 인을 떼실 때에 내가 넷째 생물의 음성을 들으니 말하되 오라 하기로

8. 내가 보매 청황색 말이 나오는데 그 탄 자의 이름은 사망이니 음부가 그 뒤를 따르더라 그들이 땅 사분의 일의 권세를 얻어 검과 흉년과 사망과 땅의 짐승들로써 죽이더라

청황색은 단색이 아닌 복합 색으로 시체의 색깔이기도 하다. 청황색 말은 한 종파가 아닌 여러 종교적 종파와 교파들 중에 잘못된 종파와 교파의 교리를 말한다. 청황색 말을 탄자의 이름이 사

망이라는 말은 악령의 영향을 받아 잘못된 교리와 잘못된 가르침이 나오고 그 잘못된 교리와 잘못된 가르침으로 인해 많은 사람들이 영적인 사망에 이르게 됨을 말하고, 음부가 뒤를 따른다는 것은 악한 영들이 잘못된 종교인들과 함께 한다는 말씀이다.

그들이 땅 사분의 일의 권세를 얻어 검과 흉년과 사망과 땅의 짐승들로써 죽인다는 것은 검은 흉년은 목자들의 거짓 가르침에 따른 잘못된 믿음을 뜻하고 사망은 악령을 말하며 땅의 짐승들은 거짓선지자들을 지칭하므로, 목자들의 거짓 가르침에 따른 잘못된 믿음과 악령과 거짓 선지자들에 의해 세계 인구의 사분의 일의 사람들이 미혹을 당해 영적인 사망에 이르게 된다는 말씀이다.

9. 다섯째 인을 떼실 때에 내가 보니 하나님의 말씀과 그들이 가진 증거로 말미암아 죽임을 당한 영혼들이 제단 아래에 있어

하나님의 말씀과 그들이 가진 증거라는 것은 하나님 말씀을 깨달음으로 인해 바뀐 자신들의 행실들을 말하고 그들이 가진 증거로 말미암아 죽임을 당한 영혼들이라는 것은 하나님의 진리의 말씀을 깨닫기 전의 영혼들을 말하며 제단은 하나님께서 지금까지 이 세상을 섭리하신 역사를 말해 죽임을 당한 영혼들이 제단 아래에 와 있다는 것은 하나님의 진리의 말씀을 깨닫기 직전의 영혼들이 하나님께서 이 세상을 섭리하신 역사에 등제되기 바로 직전이라는 말씀이다.

10. 큰 소리로 불러 이르되 거룩하고 참되신 대주재여 땅에 거하는 자들을 심판하여 우리 피를 갚아 주지 아니하시기를 어느 때까지 하시려 하나이까 하니

땅에 거하는 자들이란 인성으로 살아가는 이들을 말하고, 하늘에 거하는 이들이란 신성으로 살아가는 이들을 말하므로, "대주재여 땅에 거하는 자들을 심판하여 우리 피를 갚아 주지 아니하시기를 어느 때까지 하시려 하나이까?"라는 물음은 하나님께 반하는 인성에서의 삶에서 벗어나 언제 신성으로 살 수 있게 하려 하나이까? 하고 묻는 것으로, 인성을 버리고 신성으로 나아가는 길이 눈물겹도록 고통의 길임을 표현한 것이다.

인성을 버리고 신성으로 가는 길은 내면에서 하나님을 만나 교류하고 하나님과 합일하는 것이다. 내면에서 하나님을 만나 교류하고 합일하기 위해서는 내면에서 신성을 찾아야 하고 신성을 찾기 위해서는 인성이 깨어지는 과정이 필요하다. 이러한 인성의 깨어짐은 환멸감과 굴욕감 속에서 찾을 수 있고 영적인 것을 달성하고자 추구하고 열망하는 것은 사적인 것이고 이기적인 것이라고 하나님께서는 말씀하셨다. 인성을 버리고 신성으로 나아가는 길과 영적인 것을 달성하고자 추구하고 열망하는 것은 구분이 필요한데, 인성을 버리고 신성으로 나아가는 길은 자기 자신의 희생을 통해 자기 자신이 그냥 깨어지는 것이고 영적인 것을 달성하고자 추구하고 열망하는 것은 자기 자신의 깨어짐이 없이, 다시 말해 본인의 인성이 깨어지는 과정 없이 구원을 받기 위한 노력인 것이다. 환멸감과 굴욕감은 갑의 입장이 아닌 을의 입장

에서 느낄 수 있고 을의 입장에서 환멸감과 굴욕감을 당하는 과
정에서 인성이 조금씩 깨어질 수 있다

11. 각각 그들에게 흰 두루마기를 주시며 이르시되 아직 잠시 동안
쉬되 그들의 동무 종들과 형제들도 자기처럼 죽임을 당하여
그 수가 차기까지 하라 하시더라

흰 두루마리를 주시는 것을 보아 그들이 인성에서 신성으로
바뀐 것을 알 수 있다. 잠시 동안 쉬되 그들의 동무 종들과 형제
들도 자기처럼 죽임을 당하여 그 수가 차기까지 하라는 말씀은
그대들의 친구와 형제들도 그대들처럼 인성에서 벗어나 하나님
을 찾아 인성이 신성으로 바뀌어 그 수가 144,000명이 되기까지
기회를 주신다는 말씀이다.

12. 내가 보니 여섯째 인을 떼실 때에 큰 지진이 나며 해가 검은 털로 짠 상복 같이 검어지고 달은 온통 피 같이 되며

　　지진이 난다 함은 큰일이 벌어질 것을 예시하는 말씀이고, 해가 검어진다는 것은 왕이 왕의 권세를 잃는다는 말씀이며, 달이 피 같이 된다는 것은 왕비가 왕비의 권세를 잃는다는 말씀이다.

13. 하늘의 별들이 무화과나무가 대풍에 흔들려 설익은 열매가 떨어지는 것 같이 땅에 떨어지며

　　별들이 떨어진다는 말씀은 왕의 신하들도 신하의 권세를 잃는다는 말씀이다. 가정에서 해는 아버지를, 달은 어머니를, 별들은 자식들을 상징(창37:9-10)하고 하늘나라에서 해는 하나님을, 달은 성신을, 별은 예수님을 상징한다.

14. 하늘은 두루마리가 말리는 것 같이 떠나가고 각 산과 섬이 제자리에서 옮겨지매

　　하늘은 두루마리가 말리는 것 같이 떠나간다는 것은 권세와 권력을 잡은 땅의 왕의 시대가 빠르게 몰락한다는 말씀이고, 각 산과 섬이 제자리에서 옮겨진다는 것은 땅의 권세와 권력이 바뀐다는 말씀으로 사탄이 지배하던 세상이 하나님께서 지배하는 세상으로 바뀐다는 말씀이다.

15. 땅의 임금들과 왕족들과 장군들과 부자들과 강한 자들과 모든 종과 자유인이 굴과 산들의 바위틈에 숨어

　사탄이 지배하던 세상에서 권세와 권력을 가지고 악행과 비리를 저지르던 대통령과 수상들과 국회의원들과 장관들과 사악한 부자들과 모든 지위에서 악행을 저지르던 사람들과 그리고 자기 멋대로 살던 사람들이 하나님이 지배하는 세상으로 바뀌니 그들이 자기 죄에 대한 형벌을 두려워 한다는 말씀이다.

16. 산들과 바위에게 말하되 우리 위에 떨어져 보좌에 앉으신 이의 얼굴에서와 그 어린 양의 진노에서 우리를 가리라

　여기에서 산들과 바위는 하나님 나라에서 큰 권세와 작은 권세를 가진 이들을 말하므로 산들과 바위에게 말한다는 것은 하나님의 종들에게 말한다는 것이고 우리 위에 떨어져 보좌에 앉으신 이의 얼굴에서와 그 어린 양의 진노에서 우리를 가려달라는 말은 하나님과 예수님의 진노에 대하여 우리를 불쌍히 여기게 도와 달라는 말이다.

17. 그들의 진노의 큰 날이 이르렀으니 누가 능히 서리요 하더라

　하나님과 예수님의 심판이 다가왔으니 누가 죄에서 자유로울 수가 있느냐! 하는 말씀이다.

요한계시록

제7장

인침을 받은 십사만사천 명

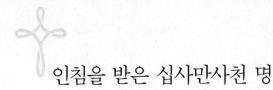

인침을 받은 십사만사천 명

1. 이 일 후에 내가 네 천사가 땅 네 모퉁이에 선 것을 보니 땅의
   사방의 바람을 붙잡아 바람으로 하여금 땅에나 바다에나 각종
   나무에 불지 못하게 하더라

   이 일 후라는 것은 재림한 이후를 말하고 땅 네 모퉁이는 동서
   남북, 즉 온 세상을 뜻한다. 바람은 말과 같은 개념으로, 바람은
   바람이 불게 될 이념에 따른 주의나 사상적 조류를 뜻한다. 따라
   서 땅의 사방의 바람을 붙잡는다는 것은 세상에 큰 영향력을 미
   칠 이념에 따른 주의나 사상적 조류가 더 이상 못 일어나도록 한
   다는 것인데, 그 이유는 재림할 예수님께서 영원한 복음인 하나
   님 사랑의 말씀을 가지고 이 땅에 다시 오시기 때문이다.

2. 또 보매 다른 천사가 살아 계신 하나님의 인을 가지고 해 돋는
   데로부터 올라와서 땅과 바다를 해롭게 할 권세를 받은 네 천

사를 향하여 큰 소리로 외쳐

3. 이르되 우리가 우리 하나님의 종들의 이마에 인치기까지 땅이나 바다나 나무들을 해하지 말라 하더라

해 돋는 데는 동방을 말하고 그 중에도 한반도를 말하는데, 천사가 살아 계신 하나님의 인을 가지고 해 돋는 데로부터 올라온 다는 것은 한반도에서 세상을 구원 할 메시아가 나온다는 말씀이다.

땅이나 바다나 나무들을 해하지 말라는 것은 세상에서 살고 있는 사람들은 육신의 삶을 통하여 영적인 성장을 할 수 있기 때문에 사람들이 영적인 성장을 하여 하나님의 인치기를 받아 144,000명이 찰 때까지 수많은 사람의 목숨을 죽이는 큰 전쟁과 큰 자연재해를 일으키지 말라는 말씀이다. 이때는 메시아 재림의 때로 메시아가 이 세상에 출현할 때를 말한다.

※ 하나님의 인침은 인성을 가진 인간에서 신성을 가진 인간으로 바뀌는 것을 뜻한다. 물과 성령으로 거듭나야 하나님의 나라에 갈 수 있다는 예수님의 말씀(요한복음3:5)은 바로 하나님의 자녀로 다시 태어나야 하늘나라 천국에 갈 수 있다는 말씀이다. 이 하나님의 나라는 하늘 어떤 공간에 존재하는 나라가 아니고 자기 마음속 내면의 깊은 곳에 존재하고 있다고 2천 년 이전에 이미 예수님께서 말씀하셨다(누가복음17:21). 하나님의 나라가 너희 내면에 있다는 예수님의 말씀은 바로 하나님께서 너희 내면에 계시다는 말씀이다. 대부분의 신앙인들은 하나님의 나라는 육체

가 죽어서 가는 것으로 알고 있는데, 물과 성령으로 거듭나지 못한 육체
가 죽으면 또 다른 육체로 윤희와 환생만 있을 뿐이다. 물과 성령으로 거
듭나 하나님의 자녀가 되어야 영으로 살고 또 다른 육체로 환생하는 것
을 벗어날 수 있는 것이다. 3천 년 이전 싯다르타도 고행을 통해 마지막
깨달음을 얻을 때 가브리엘 천사장의 도움을 받아 물과 성령으로 거듭나
하나님의 자녀가 되었던 것이다. 싯다르타의 깨달음의 길을 보면 싯다르
타는 인생이 무엇인가를 알기 위해 세상을 떠나 보리수나무 밑에서 온
갖 고행을 하였고 아무리 죽을 고행을 하여도 깨달음을 얻지 못하자 끝
내는 깨닫고자 하는 마음마저도 버리게 된다. 이렇게 깨달음을 얻고자
하는 마음조차도 비워졌을 때 그는 자기 내면의 세계를 발견하게 되었고
내면의 세계를 발견하면서 신기한 빛이 인당을 통해 폭포수 같이 내면으
로 들어와 물로 내면을 가득 채우는 걸 느꼈다. 이렇게 싯다르타는 물과
성령으로 거듭났던 것이다.

※ **진정한 깨달음이란?**

자기 내면의 세계를 발견하고 물과 성령으로 거듭나며 자기 내면에 계신 하
나님을 만나 하나님과 교제하는 것이 진정한 깨달음이다.

4. 내가 인침을 받은 자의 수를 들으니 이스라엘 자손의 각 지파
   중에서 인침을 받은 자들이 십사만 사천이니

5. 유다 지파 중에 인침을 받은 자가 일만 이천이요 르우벤 지파 중에 일만 이천이요 갓 지파 중에 일만 이천이요

6. 아셀 지파 중에 일만 이천이요 납달리 지파 중에 일만 이천이요 므낫세 지파 중에 일만 이천이요

7. 시므온 지파 중에 일만 이천이요 레위 지파 중에 일만 이천이요 잇사갈 지파 중에 일만 이천이요

8. 스불론 지파 중에 일만 이천이요 요셉 지파 중에 일만 이천이요 베냐민 지파 중에 인침을 받은 자가 일만 이천이라

   열두지파에서 지파마다 각각 일만 이천 명씩 이마에 하나님의 인침을 받아 총 144,000명이 인침을 받는다는 144,000명의 숫자는 상징적인 숫자로 예시를 적어 놓은 것이고 열두 지파도 열두 지파를 이르는 것이 아니고 1년 12달 12수 완전수(모든 수)를 말해 지구상의 모든 족속이 인침을 받을 수 있는 자격을 갖추고 있음을 뜻한다.

9. 이 일 후에 내가 보니 각 나라와 족속과 백성과 방언에서 아무도 능히 셀 수 없는 큰 무리가 나와 흰 옷을 입고 손에 종려 가지를 들고 보좌 앞과 어린 양 앞에 서서

10. 큰 소리로 외쳐 이르되 구원하심이 보좌에 앉으신 우리 하나님과 어린 양에게 있도다 하니

세상의 모든 나라와 민족과 백성들 중에 셀 수 없이 많은 사람들이 하나님과 예수님께서 사탄으로부터 이 세상을 구원하심으로 하나님과 예수님을 찬양한다는 말씀이다.

11. 모든 천사가 보좌와 장로들과 네 생물의 주위에 서 있다가 보좌 앞에 엎드려 얼굴을 대고 하나님께 경배하여

12. 이르되 아멘 찬송과 영광과 지혜와 감사와 존귀와 권능과 힘이 우리 하나님께 세세토록 있을지어다 아멘 하더라

13. 장로 중 하나가 응답하여 나에게 이르되 이 흰 옷 입은 자들이 누구며 또 어디서 왔느냐

14. 내가 말하기를 내 주여 당신이 아시나이다 하니 그가 나에게 이
르되 이는 큰 환난에서 나오는 자들인데 어린 양의 피에 그 옷
을 씻어 희게 하였느니라

　　큰 환난이라는 것은 세상적인 환란을 말하는 것이 아니고 자
기를 부인하고 날마다 제 십자가를 지고 나를 따라오라(누가복음
9:23)고 하신 예수님의 말씀처럼 자기 자신의 깨어지는 과정, 다시
말해 인성의 깨어지는 과정을 말한다. 어린 양의 피에 그 옷을
씻어 희게 하였다는 것은 이천 년 이전 예수님께서 우리들의 죄
를 대신해 십자가에 돌아가심을 말하는데, 우리들 각자 지금의
나와 이천년 이전 예수님의 죄의 대속과 무슨 관련이 있을까? 지
금의 나라는 존재가 아버지와 어머니를 통해 세상에 태어났지만
없던 존재를 아버지와 어머니가 창조한 것이 아니고 원래 하나님
으로부터 창조되어 있던 영인 우리들 각자가 지금의 아버지와 어
머니를 통해 이 세상에 나왔을 뿐이다. 따라서 이천 년 이전에도
우리들 모두가 존재하고 있었고 육천 년 이전 아담과 하와 이전
에도 존재하고 있었다. 이천년 이전 예수님께서 십자가에 매달려
죽음으로써 죄를 대속하였다 함은 육천 년 이전 아담과 하와가
지은 죄를 원죄라 하는데, 이 원죄를 대속하신 것을 말한다. 내
아버지가 도둑이면 내가 도둑이 아니어도 도둑의 자식이라는 굴
레를 벗어날 수 없듯이 아담과 하와의 후손들도 계속하여 아담
과 하와가 지은 죄의 굴레 속에 있었으므로 예수님께서 이 세상
에 오셔서 자기 자신의 희생으로 우리의 원죄를 청산하시었던 것
이다. 그러면 아담과 하와가 지은 죄는 무엇이고 예수님께서 어

떻게 그 죄를 대속할 수 있었을까? 이 이야기는 하나님의 천지창조에서부터 시작하여야 하는데 이야기가 길어 아담과 하와의 때부터 이야기하기로 한다.

하나님께서 낙원에 에덴동산을 만드시고 그곳에 아담과 하와를 살게 하셨다. 그 에덴동산에는 생명나무와 선악을 알게 하는 나무도 있었다(창세기2:9). 그런데 하나님께서는 동산의 모든 열매는 따 먹어도 되는데 선악을 알게 하는 선악과는 따 먹지 말라고 하셨고 선악과를 따 먹으면 정녕 죽는다고 하셨다(창2:16-17). 이 선과 악을 알게 하는 나무의 열매 선악과는 무슨 열매를 말하는 것일까? 무슨 열매이기에 따 먹으면 죽는다고 하셨을까? 그리고 왜 그런 열매를 에덴의 동산에 있게 하셨을까? 선악을 알게 하는 선악과는 바로 남녀 간의 사랑을 상징한다. 그러면 하나님께서는 왜 아담과 하와가 서로 사랑을 하지 말라(선악과를 따먹지 말라고)고 하셨을까? 그리고 그것을 따 먹으면 죽는다고 말씀을 하셨을까? 그 이유는 아담과 하와가 영적인 성장을 해 생명나무가 된 다음에 서로 사랑하기를 원하셨던 것이다. 우리 부모들도 자녀가 성장을 해 성숙한 뒤에 결혼하기를 원하지 성장이 덜 되고 덜 성숙한 중학생이나 고등학생 때 결혼하기를 원하지 않음과 같은 맥락이다. 생명나무는 하나님 본인과 하나님과 합일을 이룬 존재를 상징하고 있어 아담과 하와가 에덴동산에서 이루어야 할 나무였던 것이다. 그런데 아담과 하와는 영적인 성장을 하여 예수님처럼 하나님과 합일을 이루어 생명나무가 되기도 전에 선악과를 따먹어 에덴동산에서 쫓겨나게(창3:23) 되었고 영적으로는 사망을 하게 된 것이다. 하와가 아담보다 더 큰 잘못을 저지른 것은 하와가 생명나무가 되기 전에 아담과 서로 사랑을 한 것만이 아니고 뱀으로 묘사된 천사장 루시퍼의 꼬임에 넘어가 먼저 천사장 루시퍼와 사랑을 하였다는 것이다. 천사장 루시퍼가 자기 자리를 이탈하여 하와를 꼬여 죄를 짓고 마귀 사탄이 되었던 원리적인 배경에 대해서는 다음에 논하기로 한다.

아담과 하와가 죄를 지어 낙원에 있는 에덴동산에서 지구 시온산 일대로 귀향을 오게 되는데 그 당시 지구에는 여러 부족들이 살고 있었다. 아담과 하와가 시온산 부근에 터를 잡고 살면서 가인과 아벨 두 명의 아들을 낳는다(창4:1-2절). 가인과 아벨이 성장해 하나님께 제사를 드렸는데 하나님께서 가인의 제사는 받지 않고 아벨의 제사만을 받자 장남인 가인이 자기 동생 아벨을 시기해 아벨을 돌로 쳐 죽였고(창4:3-8) 동생 아벨을 죽임으로써 가인이 그가 살던 곳에서 쫓겨나 유리하게 되자 가인이 하나님께 사람들이 나를 만나면 나를 죽일 것이라고 간청하자 하나님께서 지구 부족들이 가인을 죽이지 못하도록 하기 위해서 표를 만들어 주시게 된다(창:4장 14절-15절).

하나님께서 왜 아벨의 제사는 받아주고 가인의 제사는 받아주지 않으셨을까?

그것은 하와가 천사장 루시퍼와 첫 번째로 사랑을 하였고 그 후로 아담과 사랑을 하여 하와의 첫 번째 아들 가인을 마귀 사탄이 된 천사장 루시퍼의 영적인 자녀로 인정하여 하나님께서는 가인의 제사를 받지 않으셨던 것이다. 하나님께서는 아담과 하와의 장자뿐 아니라 아담과 하와의 후손들까지 모든 장자를 루시퍼의 영적인 자녀로 인정하여 장자를 저주하게 되는데, 출애굽 때는 애굽 땅의 모든 장자들뿐만 아니라 가축의 처음 난 것들까지 모두 죽임을 당하기까지 하였다(출12:29) 이렇게 구약시대의 거의 모든 장자들이 하나님의 축복을 받지 못하고 저주를 받자 이러한 원죄를 청산하기 위해 하나님의 독생자 예수님께서 세상에 오셔서 장자의 직분을 받아 십자가에서 죽으심으로 원죄를 대속하셨다. 그래서 신약시대에는 장자에 대한 하나님의 저주가 사라진 것이다

※ 아담과 하와의 후손들이 바벨탑을 쌓은 이유

창세기 6장 1-2절에서 "사람이 땅 위에 번성하기 시작할 때에 그들에게서 딸들이 나니 하나님의 아들들이 사람의 딸들의 아름다움을 보고 자기들이 좋아하는 모든 여자를 아내로 삼는지라"에서 볼 수 있듯이 아담과 하와의 자녀들과 후손들이 지구에 살고 있던 사람들과 결혼을 해 급속도로 그 후손들이 혼혈이 되는데 그 후손들의 수명을 보면 창세기 11장 10절-26절에 다음과 같이 나타난다.

10 셈의 족보는 이러하니라 셈은 백 세 곧 홍수 후 이 년에 아르박삿을 낳았고

11 아르박삿을 낳은 후에 오백 년을 지내며 자녀를 낳았으며

12 아르박삿은 삼십오 세에 셀라를 낳았고

13 셀라를 낳은 후에 사백삼 년을 지내며 자녀를 낳았으며

14 셀라는 삼십 세에 에벨을 낳았고

15 에벨을 낳은 후에 사백삼 년을 지내며 자녀를 낳았으며

¹⁶ 에벨은 삼십사 세에 벨렉을 낳았고

¹⁷ 벨렉을 낳은 후에 사백삼십 년을 지내며 자녀를 낳았으며

¹⁸ 벨렉은 삼십 세에 르우를 낳았고

¹⁹ 르우를 낳은 후에 이백구 년을 지내며 자녀를 낳았으며

²⁰ 르우는 삼십이 세에 스룩을 낳았고

²¹ 스룩을 낳은 후에 이백칠 년을 지내며 자녀를 낳았으며

²² 스룩은 삼십 세에 나홀을 낳았고

²³ 나홀을 낳은 후에 이백 년을 지내며 자녀를 낳았으며

²⁴ 나홀은 이십구 세에 데라를 낳았고

²⁵ 데라를 낳은 후에 백십구 년을 지내며 자녀를 낳았으며

²⁶ 데라는 칠십 세에 아브람과 나홀과 하란을 낳았더라

이와 같이 아담과 하와의 후손들이 지구인들과의 혼혈이 되면서 그 후손들의 수명이 짧아짐을 볼 수 있는데 아담과 하와의 혈통은 보통 1000살을 살고 지구인들은 보통 100살 이하의 수명이었던 것으로 보인다. 이렇게 아담과 하와의 후손들이 지구인들과의 혼혈로 세월이 흐를수록 그 후손들의 수명이 짧아지자 아담과 화와의 후손들이 더 이상 흩어져 지구인과의 결혼을 하지 못하게 하기 위해서 성을 쌓았고 그 성을 바벨탑이라 불렀다(창11:1-4절). 그러나 하나님께서 언어를 혼잡하게 하셔서 그들을 온 지면으로 흩으심으로(창11:9절) 더욱 빠르게 지구인들과 혼혈이 되면서 아담과 하와 후손들의 수명은 지구인들 수준으로 줄어들게 된다. 하나님께서 언어를 혼잡하게 하셔서 온 지면으로 흩으심으

로써 이때 한반도 태백산으로 오게 된 이가 바로 환인의 아들 환웅이고 그가 한반도에 살고 있던 여러 부족 중에서 곰 토테미즘에 있던 부족에서 웅녀를 선택해 결혼을 하고 그들에게서 단군이 태어나 아버지 환웅에 이어 고조선 나라를 다스리게 된다. 단군이 갖는 의미는 그가 한반도에서 아담과 하와의 후손인 환웅과 한반도에 살고 있던 부족의 딸 웅녀와의 결합으로 인한 최초의 혼혈인이라는 점이다.

15. 그러므로 그들이 하나님의 보좌 앞에 있고 또 그의 성전에서 밤낮 하나님을 섬기매 보좌에 앉으신 이가 그들 위에 장막을 치시리니

16. 그들이 다시는 주리지도 아니하며 목마르지도 아니하고 해나 아무 뜨거운 기운에 상하지도 아니하리니
   육체의 삶이 아니고 영의 삶을 말씀하신 것이다.

17. 이는 보좌 가운데에 계신 어린 양이 그들의 목자가 되사 생명수 샘으로 인도하시고 하나님께서 그들의 눈에서 모든 눈물을 씻어 주실 것임이라.

첫째, 둘째, 셋째, 넷째 천사의
나팔 소리

첫째, 둘째, 셋째, 넷째 천사의 나팔소리

1. 일곱째 인을 떼실 때에 하늘이 반 시간쯤 고요하더니

   인을 떼신다는 말씀은 우리가 우편물을 받거나 포장한 선물이나 물품을 받았을 때 개봉하여 내용물을 확인하게 되듯이 앞으로 일어날 일들에 대한 시작을 알리는 말씀이고 일곱째 인을 떼실 때에 하늘이 반 시간쯤 고요한 이유는 폭풍전야로서 앞으로 큰 일이 벌어질 것을 예시하는 말씀이다.

2. 내가 보매 하나님 앞에 일곱 천사가 서 있어 일곱 나팔을 받았더라

3. 또 다른 천사가 와서 제단 곁에 서서 금향로를 가지고 많은 향을 받았으니 이는 모든 성도의 기도와 합하여 보좌 앞 금 제단

에 드리고자 함이라

금 제단이란 하나님께서 지금까지 이 세상을 섭리하신 승리의 역사를 말하고, 금향로는 승리한 기도의 기록을 말하며, 향은 기도의 내용을 뜻한다. 따라서 또 다른 천사가 와서 제단 곁에 서서 금향로를 가지고 많은 향을 받았으니 이는 모든 성도의 기도와 합하여 보좌 앞 금 제단에 드리고자 함이라는 것은 또 다른 천사가 믿음으로 승리한 기도의 기록과 승리한 모든 성도의 기도 내용을 하나님께서 지금까지 섭리하신 승리의 역사에 기록하려고 한다는 말씀이다.

4. 향연이 성도의 기도와 함께 천사의 손으로부터 하나님 앞으로 올라가는지라

향연은 잔치를 말하는데 믿음으로 승리한 이를 위한 잔치를 말한다.

5. 천사가 향로를 가지고 제단의 불을 담아다가 땅에 쏟으매 우레와 음성과 번개와 지진이 나더라

제단이란 하나님께서 지금까지 이 세상을 섭리하신 역사를 말하고 불은 하나님의 말씀을 뜻하므로, 제단의 불을 담아다가 땅에 쏟는다는 말씀은 하나님께서 지금까지 이 세상을 섭리하신 역사를 세상에 전파한다는 말씀이다. 또 우레와 음성과 번개와

지진이 난다는 말씀은 하나님께서 지금까지 이 세상을 섭리하신 역사를 세상에 전파함으로써 하나님의 존재가 영광과 권능으로 이 세상에 현현됨을 말한다.

6. 일곱 나팔을 가진 일곱 천사가 나팔 불기를 준비하더라

7. 첫째 천사가 나팔을 부니 피 섞인 우박과 불이 나와서 땅에 쏟 아지매 땅의 삼분의 일이 타 버리고 수목의 삼분의 일도 타 버 리고 각종 푸른 풀도 타 버렸더라

　우박은 심판을 의미하고 불은 하나님의 말씀이므로 우박과 불 은 하나님 심판의 말씀을 뜻하는데, 피가 섞였다 함은 하나님께 반하는 신앙이나 사상임을 말한다. 피 섞인 우박과 불이 나와서 땅에 쏟아지매 땅의 삼분의 일이 타 버리고 수목의 삼분의 일도 타 버리고 각종 푸른 풀도 타 버렸다는 것은 하나님께 반하는 신 앙이나 사상으로 인해 세상 사람 삼분의 일이 영적으로 성장을 할 수 없는 환경에 처했다는 말씀이다.

8. 둘째 천사가 나팔을 부니 불 붙는 큰 산과 같은 것이 바다에

던져지매 바다의 삼분의 일이 피가 되고

　불 붙는 큰 산은 사상적 혁명이 일어난 큰 나라 소련을 말하고 바다는 무신론자들을 지칭한다. 따라서 바다의 삼분의 일이 피가 된다는 것은 소련의 공산주의에 무신론자 삼분의 일이 물이 든다는 말씀이다.

9.　바다 가운데 생명 가진 피조물들의 삼분의 일이 죽고 배들의 삼분의 일이 깨지더라

　배들이란 유신론자들의 종파나 교파를 지칭하는 것이니, 바다 가운데 생명 가진 피조물들의 삼분의 일이 죽고 배들의 삼분의 일이 깨진다는 것은 무신론자와 유신론자 삼분의 일이 이 공산주의 사상에 물들어 영적인 성장을 하지 못해 영적으로 죽게 되었다는 말씀이다.

10.　셋째 천사가 나팔을 부니 횃불 같이 타는 큰 별이 하늘에서 떨어져 강들의 삼분의 일과 여러 물샘에 떨어지니

　횃불 같이 타는 큰 별은 천사장 루시퍼를 말하고 하늘에서 떨어졌다는 것은 그가 죄를 짓고 타락하였다는 것을 뜻한다. 강은 생명수를 지칭하고 물샘은 생명수의 공급처이므로 하나님 말씀을 전하는 곳인 성당, 교회, 사원 등을 말한다. 횃불 같이 타는 큰 별이 하늘에서 떨어져 강들의 삼분의 일과 여러 물샘에 떨어

졌다는 것은 사탄 루시퍼의 의도로 인하여 마르크스를 통해 이 세상에 공산주의가 나오게 되어 하나님 말씀을 전하는 곳인 성당, 교회, 사원 등 삼분의 일이 공산주의로 오염된다는 말씀이다.

11. 이 별 이름은 쓴 쑥이라 물의 삼분의 일이 쓴 쑥이 되매 그 물이 쓴 물이 되므로 많은 사람이 죽더라

　이 별 이름이 쓴 쑥이라는 것은 공산주의 사상이 타락한 천사장 루시퍼에 의해 마르크스를 통해 세상에 나오게 된 것을 말하고 물의 삼분의 일이 쓴 쑥이 된다는 것은 하나님 사랑의 말씀을 전하는 곳 삼분의 일이 공산주의로 오염된다는 말씀이며 많은 사람들이 죽는다는 것은 이 공산화 된 나라에서 종교탄압에 의해 하나님 사랑의 말씀을 전할 수가 없게 되고 공산주의 가르침을 받게 되어 공산주의 사상의 가르침을 받는 많은 사람들이 영적으로 사망하게 된다는 말씀이다.

※ 영적 사망이란?

　그가 이룩한 영적인 차원이 한 단계 이상 차원이 떨어지는 것을 말한다.

12. 넷째 천사가 나팔을 부니 해 삼분의 일과 달 삼분의 일과 별들의 삼분의 일이 타격을 받아 그 삼분의 일이 어두워지니 낮 삼분의 일은 비추임이 없고 밤도 그러하더라

세상 삼분의 일이 공산화되어 그곳에서는 하나님, 성신, 예수님
에 대한 복음의 소식이 단절됨을 말한다.

13. 내가 또 보고 들으니 공중에 날아가는 독수리가 큰 소리로 이
    르되 땅에 사는 자들에게 화, 화, 화가 있으리니 이는 세 천사
    들이 불어야 할 나팔 소리가 남아 있음이로다 하더라

    마태복음 24장 27절에 "번개가 동편에서 나서 서편까지 번쩍임
    같이 인자의 임함도 그러하리라 28절 주검이 있는 곳에는 독수리
    들이 모일것이니라" 주검이 있는 곳에 독수리들이 모인다는 예수
    님 말씀처럼 독수리는 주검을 암시하는 새이다. 독수리가 큰소리
    로 이른다는 것은 큰 주검이 닥칠 것을 말하고 "화, 화, 화가 있으
    리니 이는 세 천사들이 불어야 할 나팔 소리가 남아 있음이로다"
    라고 한 것은 큰 주검이 세 차례에 걸쳐 일어날 것을 말한다.

다섯째, 여섯째 천사의
나팔 소리

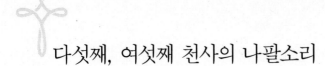

다섯째, 여섯째 천사의 나팔소리

1. 다섯째 천사가 나팔을 불매 내가 보니 하늘에서 땅에 떨어진 별 하나가 있는데 그가 무저갱의 열쇠를 받았더라

   하늘에서 떨어진 별은 타락한 천사장 루시퍼을 말하고 무저갱은 악령들을 가두어 놓는 감옥이다. 타락한 천사장 루시퍼가 무저갱의 열쇠를 받았다는 것은 무저갱을 열 수 있는 권한을 부여받았다는 것을 말한다. 하나님께서 일시적으로 타락한 천사장 루시퍼에게 무저갱의 열쇠를 주신 이유는 이 세상이 부조화에 빠졌기 때문이다.

2. 그가 무저갱을 여니 그 구멍에서 큰 화덕의 연기 같은 연기가 올라오매 해와 공기가 그 구멍의 연기로 말미암아 어두워지며

   무저갱을 여니 그 구멍에서 큰 화덕의 연기 같은 연기가 올라온다는 것은 악령들이 무저갱에서 나오는 모습을 표현한 것이고

해와 공기가 그 구멍의 연기로 말미암아 어두워진다는 것은 악
령들에 의해 하나님 사랑의 말씀이 가려진다는 말씀이다.

3. 또 황충이 연기 가운데로부터 땅 위에 나오매 그들이 땅에 있
   는 전갈의 권세와 같은 권세를 받았더라

   황충은 전쟁무기를 말하고 황충이 연기 가운데로부터 땅 위에
   나온다는 것은 악령들이 나라를 통치하는 자들에게 악한 기운
   을 불어넣어 호전적인 사고를 가지게 함으로써 침략을 위한 전쟁
   무기를 만들게 됨을 말하고 그들이 땅에 있는 전갈의 권세와 같
   은 권세를 받았다는 것은 전갈이 이빨로 사냥을 하는 것이 아니
   고 꼬리의 독침으로 사냥을 하듯이 전쟁무기가 칼이나 창이 아
   닌 총, 포, 탱크, 폭격기 등 총알과 포탄을 발사하는 전쟁무기들
   임을 말한다.

4. 그들에게 이르시되 땅의 풀이나 푸른 것이나 각종 수목은 해하
   지 말고 오직 이마에 하나님의 인침을 받지 아니한 사람들만 해
   하라 하시더라

   땅의 풀이나 푸른 것이나 각종 수목은 해하지 말라는 것은 이
   전쟁무기들이 모두 살상용 무기들이 출현할 것을 말하고 인침을
   받지 않은 사람들만 해하라는 것은 잘못된 믿음이나 잘못된 주
   의와 사상에 따른 영적사망이 아닌 육체적인 사망을 말한다.

5. 그러나 그들을 죽이지는 못하게 하시고 다섯 달 동안 괴롭게 만 하게 하시는데 그 괴롭게 함은 전갈이 사람을 쏠 때에 괴롭 게 함과 같더라

죽이지는 못하게 하시고 다섯 달 동안 괴롭게만 한다는 것은 전쟁이 길어질 것을 말하는데 이 전쟁이 바로 제1차 세계대전이 다. 1차 세계대전은 1914년 7월 28일부터 1918년 11월 11일까지 4년 4개월 동안 일어났지만 햇수로는 5년에 걸친 전쟁이다. 다섯 달 동안이라 한 이유는 계시록 자체가 비유와 상징으로 기록돼 있듯이 1차 세계대전임을 뚜렷하게 드러내지 않기 위함이다.

6. 그 날에는 사람들이 죽기를 구하여도 죽지 못하고 죽고 싶으 나 죽음이 그들을 피하리로다

사람들이 전쟁에서 그 나라가 이기든지 지든지 전쟁이 빨리 끝 나기를 원하지만 전쟁이 쉽게 끝나지 않는다는 말씀이다.

7. 황충들의 모양은 전쟁을 위하여 준비한 말들 같고 그 머리에 금 같은 관 비슷한 것을 썼으며 그 얼굴은 사람의 얼굴 같고

황충들의 모양은 전쟁을 위하여 준비한 말들 같다고 표현함으 로써 황충들이 전쟁무기들임을 간접적으로 말하고, 그 머리에 금 같은 관 비슷한 것을 썼다는 것은 전쟁용 살상무기들의 살상

성능이 예전에 비해 뛰어나다는 것을 말한다. 이 무기들의 얼굴이 사람의 얼굴 같다는 것은 사람들의 얼굴이 모양은 비슷하지만 생김새는 각양각색이듯이 전쟁무기들도 그 종류대로 각양각색의 여러 종류들이 있음을 말한다. 예를 들면 탱크들은 모두 탱크 모양을 하고 있고 비행기들은 모두 비행기 모양을 하고 있지만 탱크 모양의 여러 종류의 탱크들과 비행기 모양의 여러 종류의 비행기들이 있음을 말한다.

8. 또 여자의 머리털 같은 머리털이 있고 그 이빨은 사자의 이빨 같으며

여자의 머리털은 대체적으로 남자의 머리털보다 길다. 여자의 머리털 같은 머리털이 있다는 것은 전쟁의 무기들이 긴 총열이 있다는 말씀이다. 요한이 본 것은 방어선 참호마다 늘어선 총열들과 기관총열들 그리고 전쟁터로 전진하기 위해 도열한 탱크 포열들을 보고 여자의 머리털 같은 머리털이 있다고 표현한 것이다. 그 이빨이 사자의 이빨 같다는 것은 전쟁의 무기들의 화력이 세다는 것을 이르는 말이다.

9. 또 철 호심경 같은 호심경이 있고 그 날개들의 소리는 벙거와 많은 말들이 전쟁터로 달려 들어가는 소리 같으며

철 호심경 같은 호심경은 비행기를 말하고 비행기 중에 전투

기, 폭격기 등을 말하는데 그 날개들의 소리는 병거와 많은 말들이 전쟁터로 달려 들어가는 소리 같다는 것은 전투기와 폭격기들이 굉음을 내며 전쟁터로 날아가는 것을 묘사한 말이다.

10. 또 전갈과 같은 꼬리와 쏘는 살이 있어 그 꼬리에는 다섯 달 동안 사람들을 해하는 권세가 있더라

전갈과 같은 꼬리와 쏘는 살이라는 것은 총, 포, 탱크, 폭격기 같은 총알과 포탄이 있는 전쟁무기를 말하고 다섯 달 동안이라는 것은 햇수로 5년에 걸쳐 전쟁이 일어날 것을 말한다.

11. 그들에게 왕이 있으니 무저갱의 사자라 히브리어로는 그 이름이 아바돈이요 헬라어로는 그 이름이 아볼루온이더라

그들에게 왕이 있다는 것은 전쟁을 관리하는 천사가 있다는 말씀으로, 이 천사가 악령들을 가두어 놓는 무저갱을 관리하는 아바돈천사라는 말씀이다.

12. 첫째 화는 지나갔으나 보라 아직도 이 후에 화 둘이 이르리로다

1차 세계대전이 끝났으나 2차 큰 환란과 3차 큰 환란이 일어날 것을 말한다.

13. 여섯째 천사가 나팔을 불매 내가 들으니 하나님 앞 금 제단 네 뿔에서 한 음성이 나서

   여섯째 나팔을 불면서 제2차 세계대전이 발발하게 되는데, 하나님 앞 금 제단 네 뿔에서 한 음성이 난다는 것은 사계절을 관장하는 한 천사장의 음성을 말한다.

14. 나팔 가진 여섯째 천사에게 말하기를 큰 강 유브라데에 결박한 네 천사를 놓아 주라 하매

   큰 강 유브라데에 결박한 네 천사를 놓아줌으로써 이들의 영향력으로 전체주의와 파시즘 그리고 제국주의와 자본주의가 득세하게 되어 2차 세계대전이 일어나게 된다. 결박한 네 천사들은 천사장 루시퍼 밑에 있던 천사들로 천사장 루시퍼가 죄를 짓고 마귀 사탄이 되었는데도 루시퍼의 부하천사가 된 천사들이다.

15. 네 천사가 놓였으니 그들은 그 년 월 일 시에 이르러 사람 삼분의 일을 죽이기로 준비된 자들이더라

   세계인구 삼분의 일에 해당하는 사람들이 2차 세계대전에 휘말리게 된다는 말씀이다.

16. 마병대의 수는 이만 만이니 내가 그들의 수를 들었노라

　　마병대의 수가 이만 만 이라는 것은 이억 명을 말함이 아니고 무수히 많다는 것을 표현한 말씀이다.

17. 이같은 환상 가운데 그 말들과 그 위에 탄 자들을 보니 불빛과 자줏빛과 유황빛 호심경이 있고 또 말들의 머리는 사자 머리 같고 그 입에서는 불과 연기와 유황이 나오더라

　　1차 세계대전 때보다 훨씬 화력이 증강되고 대수도 많아진 전투기들과 폭격기들을 표현한 말씀이다.

18. 이 세 재앙 곧 자기들의 입에서 나오는 불과 연기와 유황으로 말미암아 사람 삼분의 일이 죽임을 당하니라

　　총을 쏘고 포를 쏘며 폭탄을 투하하는 제2차 세계대전에 세계 인구 삼분의 일이 휘말려 많은 사람들이 죽는다는 말씀이다.

19. 이 말들의 힘은 입과 꼬리에 있으니 꼬리는 뱀 같고 또 꼬리에 머리가 있어 이것으로 해하더라

　　이 말들의 힘은 입과 꼬리에 있다는 것은 폭격기들이 기관단총을 쏘고 포탄을 투하를 하는 것을 말하고 꼬리에 머리가 있다는 것은 미사일 등 성능이 좋아진 전쟁무기들을 표현한 말씀이다.

20. 이 재앙에 죽지 않고 남은 사람들은 손으로 행한 일을 회개하지
    아니하고 오히려 여러 귀신과 또는 보거나 듣거나 다니거나 하지
    못하는 금, 은, 동과 목석의 우상에게 절하고

21. 또 그 살인과 복술과 음행과 도둑질을 회개하지 아니하더라
    큰 전쟁을 일으킨 장본인들 중 전쟁에서 죽지 않은 이들이 전쟁
    을 일으켜 수많은 사람들을 죽게 하고도 잘못을 뉘우치지 않고 오
    히려 속으로는 신사참배를 하는 등의 행동을 한다는 말씀이다.

요한계시록

제10장

천사와 작은 책

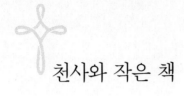

천사와 작은 책

1. 내가 또 보니 힘 센 다른 천사가 구름을 입고 하늘에서 내려오
   는데 그 머리 위에 무지개가 있고 그 얼굴은 해 같고 그 발은
   불기둥 같으며

   천사가 구름을 입고 하늘에서 내려온다는 것은 천사가 육신을
   입고 이 세상에 출현한다는 말씀이고, 그 머리 위에 무지개가 있
   다는 것은 그분이 하나님과의 언약을 가지고 있다는 말씀이다.
   또 그 얼굴이 해 같다는 것은 그분의 인상이 해와 같다는 말씀
   이고 그 발이 불기둥 같다는 것은 육신으로 오신 그분이 세상에
   서 왕성한 활동을 할 것을 말한다.

2. 그 손에는 펴 놓인 작은 두루마리를 들고 그 오른 발은 바다
   를 밟고 왼 발은 땅을 밟고

   두루마리는 하늘 말씀을 기록해 감아 놓은 양피지나 천 종이

로 천사의 손에 펴 놓인 것으로 봐서 새로운 소식이 전해질 것을 말하고, 오른 발은 바다를 밟고 왼 발은 땅을 밟고 있다는 것은 온 세상에 두루마리의 소식이 전해질 것을 말한다.

3. 사자가 부르짖는 것 같이 큰 소리로 외치니 그가 외칠 때에 일곱 우레가 그 소리를 내어 말하더라

　　사자가 부르짖는 것 같이 큰 소리로 외친다는 것은 두루마리에 기록된 소식이 세상의 사람들에게 아주 놀랄만한 소식임을 말하고, 그가 외칠 때에 일곱 우레가 그 소리를 내어 말한다는 것은, 우레는 하나님 음성을 상징하고 일곱은 천지창조 7일을 상징하므로 하나님께서 직접 무슨 말씀이 있었음을 의미한다.

4. 일곱 우레가 말을 할 때에 내가 기록하려고 하다가 곧 들으니 하늘에서 소리가 나서 말하기를 일곱 우레가 말한 것을 인봉하고 기록하지 말라 하더라

　　하나님께서 직접 하신 말씀을 인봉하고 기록하지 말라고 하셨는데 하나님께서 무슨 말씀을 하셨길래 하나님의 말씀을 인봉하고 기록하지 말라고 하셨을까? 바로 밑 5-6절에서 천사가 하나님께 맹세한 것이 지체하지 아니하리라는 말씀으로 보아 두루마리의 소식이 이 세상에 빨리 전파되도록 독려하신 것으로도 볼 수 있다. 하지만 두루마리의 소식이 속히 이 세상에 전파되도록 독려

하신 말씀을 인봉하고 기록하지 말라고 하실 리가 없고 말씀의 비중을 보아 또 다른 비밀이 숨겨져 있음을 알 수 있다. 하나님께서 하신 말씀은 육신을 입고 이 세상에 오신 천사에게 하신 말씀으로 높은 영이 물질의 몸에 갇혀 고난의 길을 가야 하고 육신을 입고 태어남으로써 천상의 모든 기억들이 지워져 있으니 세상에 있는 사탄을 조심하라는 말씀을 하신 것으로 유추할 수 있다.

5. 내가 본 바 바다와 땅을 밟고 서 있는 천사가 하늘을 향하여 오른손을 들고

6. 세세토록 살아 계신 이 곧 하늘과 그 가운데에 있는 물건이며 땅과 그 가운데에 있는 물건이며 바다와 그 가운데에 있는 물건을 창조하신 이를 가리켜 맹세하여 이르되 지체하지 아니하리니

　세세토록 살아 계신 이 곧 하늘과 그 가운데에 있는 물건이며 땅과 그 가운데에 있는 물건이며 바다와 그 가운데에 있는 물건을 창조하신 이는 처음 천지를 창조하시고 모든 영을 창조하셨으며 모든 곳에 임재하여 계신 하나님을 지칭하고, 이 하나님께 맹세한 천사는 육신을 입고 이 세상에 오신 분으로 아래 11장에서 거론된 두 증인 중 한 분이다.

7. 일곱째 천사가 소리 내는 날 그의 나팔을 불려고 할 때에 하나님이 그의 종 선지자들에게 전하신 복음과 같이 하나님의 그 비밀이 이루어지리라 하더라

    일곱째 천사가 나팔을 불려고 할 때라는 것은 재림주님께서 이 세상에 출현하려 할 때를 말하고 하나님이 그의 종 선지자들에게 전하신 복음과 같이 하나님의 그 비밀이 이루어진다는 것은 이천 년 이전 예수님 초림 당시 세례요한이 먼저 엘리야의 사명을 받아 예수님의 길을 평탄케 하기 위해 먼저 세상에서 하나님의 말씀을 설파한 것과 같이 재림의 때도 엘리야의 사명을 가진 이가 먼저 와서 하나님의 말씀을 세상에 전파하신다는 말씀이다.

8. 하늘에서 나서 내게 들리던 음성이 또 내게 말하여 이르되 네가 가서 바다와 땅을 밟고 서 있는 천사의 손에 펴 놓인 두루마리를 가지라 하기로

    육신을 입고 이 세상에 오신 선지자(천사)가 두루마리의 말씀을 가지고 오신다는 말씀이다.

9. 내가 천사에게 나아가 작은 두루마리를 달라 한즉 천사가 이르되 갖다 먹어 버리라 네 배에는 쓰나 네 입에는 꿀 같이 달리라 하거늘

    이 두루마리의 소식은 재림이 임박해서 세상에 전파될 하나님

진리의 말씀으로 요한계시록을 작성한 요한을 통해 그 말씀의 비밀을 먼저 소개하고 있다.

10. 내가 천사의 손에서 작은 두루마리를 갖다 먹어 버리니 내 입에는 꿀 같이 다나 먹은 후에 내 배에서는 쓰게 되더라

두루마리의 말씀이 내 입에는 꿀 같이 달다는 것은 하나님께서 이 세상을 어떻게 섭리해 오셨는지 창세기부터 지금까지의 그 과정들과 비밀들을 상세히 밝힘으로 하나님께서 존재해 계심을 알게 되어 두루마리의 말씀이 꿀 같이 달다고 표현한 것이다. 그런데 먹은 후에 내 배에서 쓰게 된다는 것은 하나님께서 존재해 계심을 알게 되어 믿음의 생활을 하게 되지만 나의 존재가 하나님께서 바라는 인간의 성품으로 변하지 않아 고민하게 된다는 말씀이다. 위와 같은 사실로 미루어 보아 이 두루마리의 말씀은 하나님의 사랑을 알게 하는 말씀이 아니고 하나님의 실존을 알리는 그리고 하나님 역사를 알리는 말씀이라는 것을 알 수 있다.

하나님의 사랑을 알게 하는 말씀은 하나님께서 나를 얼마나 사랑하시는지를 알게 하여 그 사랑을 알게 된 만큼 나도 사랑이 넘치는 사람으로 변하게 됨으로써 입과 배에서 모두 꿀같이 달다.

11. 그가 내게 말하기를 네가 많은 백성과 나라와 방언과 임금에게
    다시 예언하여야 하리라 하더라

    재림의 때에 엘리야의 사명을 갖고 오시는 이가 성경 말씀에
    대해서 잘못 알고 있는 것들에 대하여 두루마리의 말씀으로 다
    시 가르친다는 말씀이다.

두 증인과 일곱째 천사의
나팔 소리

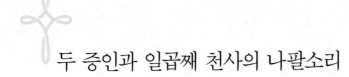

두 증인과 일곱째 천사의 나팔소리

1. 또 내게 지팡이 같은 갈대를 주며 말하기를 일어나서 하나님의
   성전과 제단과 그 안에서 경배하는 자들을 측량하되

2. 성전 바깥 마당은 측량하지 말고 그냥 두라 이것은 이방인에게
   주었은즉 그들이 거룩한 성을 마흔두 달 동안 짓밟으리라

   하나님의 성전 안은 낙원과 천국을 말하고 성전 바깥마당은 재
   림을 할 나라를 말하는데 재림을 할 나라를 거룩한 성으로 표현
   하고 있다. 이방인이 거룩한 성을 마흔두 달 동안 짓밟으리라는
   말씀은 예수님께서 재림할 한반도가 36년간 일제치하에 짓밟힌
   다는 말씀이다.

3. 내가 나의 두 증인에게 권세를 주리니 그들이 굵은 베옷을 입

고 천이백육십 일을 예언하리라

굵은 베옷은 사람들이 부모가 돌아가셨을 때 입는 옷으로 부모님이 돌아가셔서 자식이 된 도리로 죄인이 되었다는 것을 알리는 옷이다. 따라서 두 증인이 굵은 베옷을 입은 이유는 이천 년 이전 예수님께서 십자가에 매달려 돌아가시게 한 우리 모두의 죄를 대표해서 자복하고 있다는 것을 표현한 말씀이다. 천이백육십 일을 예언한다는 것은 유동적인 기간을 표현한 말씀으로 일제식민지 36년간을 재림하기 위한 해산의 고통의 시기로 보고 엘리야 사명을 위한 활동기간을 일제식민지 36년간에 견주어 표현한 말씀이다.

4. 그들은 이 땅의 주 앞에 서 있는 두 감람나무와 두 촛대니

감람나무는 하나님으로부터 기름부음을 받은 자로 하나님으로부터 선택을 받은 선지자를 말하고(스가랴4:11-14) 촛대는 교회를 말해(계1:20) 두 증인이 이 땅의 주 앞에 서 있는 두 감람나무와 두 촛대라는 것은 다시 오신 재림주님에 앞서서 오신 두 명의 선지자와 이들에 의해 세워진 각각의 두 교회를 말한다. 재림주님께서 이 세상에 오시기에 앞서 두 명의 선지자가 온 이유는, 한 분은 구약을 상징하고 다른 한 분은 신약을 상징해 오시므로 구약과 신약을 통한 하나님의 언약을 일깨우기 위함이다. 구약을 상징하는 증인(선지자)은 계시록 10장에서 거론된 천사이고 그분으로부터 두루마리의 소식이 이 세상에 이미 전파되었다.

5. 만일 누구든지 그들을 해하고자 하면 그들의 입에서 불이 나와서 그들의 원수를 삼켜 버릴 것이요 누구든지 그들을 해하고자 하면 반드시 그와 같이 죽임을 당하리라

　기성 교회에서 볼 때 두 증인이 세운 교회가 이단으로 비쳐질 것이므로 기존의 교인들로부터 박해를 받게 되나 성경말씀에 따른 논리로는 기성교인들이 결코 이들을 이길 수 없다는 말씀이다

6. 그들이 권능을 가지고 하늘을 닫아 그 예언을 하는 날 동안 비가 오지 못하게 하고 또 권능을 가지고 물을 피로 변하게 하고 아무 때든지 원하는 대로 여러 가지 재앙으로 땅을 치리로다

　하늘을 닫아 그 예언을 하는 날 동안 비가 오지 못하게 한다는 것은 이 두 증인이 엘리야의 사명을 위해 활동을 할 때에는 이들의 활동을 잠재울 만한 정권의 탄압이 없도록 한다는 것이고 물을 피로 변하게 한다는 것은 사람들에게 두루마리의 말씀을 전파해 사람들을 올바른 신앙으로 이끈다는 말씀이다. 그리고 여러 가지 재앙이라는 것은 여러 가지 잘못된 믿음에 대한 책망을 말하고 땅을 친다는 것은 세상을 일깨운다는 말씀이다. 따라서 아무 때든지 원하는 대로 여러 가지 재앙으로 땅을 친다는 것은 기존 기독교인들과 세상 사람들의 잘못된 여러 가지 믿음

과 행동에 대해 책망한다는 말씀이다.

7. 그들이 그 증언을 마칠 때에 무저갱으로부터 올라오는 짐승이
   그들과 더불어 전쟁을 일으켜 그들을 이기고 그들을 죽일 터
   인즉

   무저갱으로부터 올라오는 짐승은 타락한 천사장 루시퍼를 말
   하는데 그가 두 증인과 싸워 그들을 이기고 그들을 죽인다는 것
   으로 볼 때, 두 증인이 엘리야의 사명에서 변절될 것을 말씀하신
   것이다. 이천 년 이전 세례요한도 예수님을 구세주로 증거를 하
   고도 바로 변절이 되어 예수님을 따르지 않았고 나중에는 제자
   를 예수님께 보내 "오실 이가 당신이니까?" 하고 묻자 예수님께서
   말씀하시길 "여자가 낳은 자 중에 요한보다 큰 자가 없으나 천국
   에서는 지극히 작은 자라도 저보다 크다"라고 말씀을 하셨다

   마태복음11:2-11절
   2 요한이 옥에서 그리스도의 하신 일을 듣고 제자들을 보내어
   3 예수께 여짜오되 오실 그이가 당신이오니이까 우리가 다른 이를 기다리
     오리이까
   4 예수께서 대답하여 가라사대 너희가 가서 듣고 보는 것을 요한에게 고하되
   5 소경이 보며 앉은뱅이가 걸으며 문둥이가 깨끗함을 받으며 귀머거리가 들
     으며 죽은 자가 살아나며 가난한 자에게 복음이 전파된다 하라
   6 누구든지 나를 인하여 실족하지 아니하는 자는 복이 있도다 하시니라

7 저희가 떠나매 예수께서 무리에게 요한에 대하여 말씀하시되 너희가 무엇을 보려고 광야에 나갔더냐 바람에 흔들리는 갈대냐

8 그러면 너희가 무엇을 보려고 나갔더냐 부드러운 옷 입은 사람이냐 부드러운 옷을 입은 자들은 왕궁에 있느니라

9 그러면 너희가 어찌하여 나갔더냐 선지자를 보려더냐 옳다 내가 너희에게 이르노니 선지자보다도 나은 자니라

10 기록된 바 보라 내가 내 사자를 네 앞에 보내노니 저가 네 길을 네 앞에 예비하리라 하신 것이 이 사람에 대한 말씀이니라

11 내가 진실로 너희에게 말하노니 여자가 낳은 자 중에 침례 요한보다 큰 이가 일어남이 없도다 그러나 천국에서는 극히 작은 자라도 저보다 크니라

※ 하나님으로부터 선지자의 사명을 받고 이 세상에 오시는 분들이 하나님께 변절이 될 수 있는 것은 육의 몸으로 세상에 태어나면 천상에서의 모든 기억이 모두 지워지기 때문이다. 천상에서의 모든 기억들이 지워지기 때문에 제로의 상태인 무에서 유를 창조하여야 하는데 세상의 환경이 너무 낯설고 자기 자신이 누구인지도 모르며 하나님도 전혀 알지 못하는 상태에서 이루어야 할 사명이기 때문에 하나님의 인도하심이 없으면 거의 모두가 변절이 될 수밖에 없다.

8. 그들의 시체가 큰 성 길에 있으리니 그 성은 영적으로 하면 소돔이라고도 하고 애굽이라고도 하니 곧 그들의 주께서 십자가에 못 박히신 곳이라

　　그들의 시체라는 것은 육체의 시체를 말하는 것이 아니고 그들이 그들의 사명에서 변절이 된 이후의 가르침을 말하고 그들의 시체가 소돔과 애굽에 있다는 것은 두 선지자가 말씀을 전파하는 곳이 죄악의 세상임을 말씀하신 것이다.

9. 백성들과 족속과 방언과 나라 중에서 사람들이 그 시체를 사흘 반 동안을 보며 무덤에 장사하지 못하게 하리로다

　　사람들이란 두 선지자를 따르던 사람들을 말하고 그 시체를 사흘 반 동안을 보며 무덤에 장사하지 못하게 한다는 것은 변절된 두 선지자가 하나님 앞에 변절이 된 이후에도 활동을 계속하게 된다는 말씀이다. 사흘 반 동안의 기간은 한 때와 두 때와 반 때로 유동적인 일정기간을 이른다.

10. 이 두 선지자가 땅에 사는 자들을 괴롭게 한 고로 땅에 사는 자들이 그들의 죽음을 즐거워하고 기뻐하여 서로 예물을 보내리라 하더라

　　두 증인을 이단으로 박해하던 이들이 두 증인이 올바른 길을 갈 때에는 비판을 할 구실을 찾지 못해 전전긍긍 하다가 그들이

변절이 되자 그들을 공개적으로 비판할 수 있는 꼬투리를 찾게 되어 기뻐한다는 말씀이다.

11. 삼일 반 후에 하나님께로부터 생기가 그들 속에 들어가매 그 들이 발로 일어서니 구경하는 자들이 크게 두려워하더라

삼일 반 후라 함은 변절되어 활동한 시기 이후를 말하므로 두 증인이 육체적 사망이나 전혀 활동을 못하는 시기를 의미하는 데, 하나님께로부터 생기가 그들 속에 들어가 그들이 발로 일어 선다는 것은 두 증인이 변절되기 이전의 말씀이 이 세상에서 새 롭게 부각이 된다는 말씀이다.

12. 하늘로부터 큰 음성이 있어 이리로 올라오라 함을 그들이 듣고 구름을 타고 하늘로 올라가니 그들의 원수들도 구경하더라

구름은 육체를 말하기 때문에 구름을 타고 하늘로 올라간다 는 말씀은 육체의 사망을 말한다.

13. 그 때에 큰 지진이 나서 성 십분의 일이 무너지고 지진에 죽은 사람이 칠천이라 그 남은 자들이 두려워하여 영광을 하늘의 하 나님께 돌리더라

지진이 난다는 것은 다른 소식이 전파된다는 말씀으로 두 증인에 의해 세워진 각각의 두 교회의 신도들이 자기들을 이끌던 교주(두 증인)의 죽음 이후에 십분의 일의 신도는 자기들이 믿던 교주의 모든 말씀을 끝까지 옳다고 믿고 나머지 신도들은 그들의 교주(두 증인)가 전하신 말씀 중에 잘못된 말씀이 있다는 것을 알아챈다는 말씀이다.

14. 둘째 화는 지나갔으나 보라 셋째 화가 속히 이르는도다

15. 일곱째 천사가 나팔을 불매 하늘에 큰 음성들이 나서 이르되 세상 나라가 우리 주와 그의 그리스도의 나라가 되어 그가 세세토록 왕 노릇 하시리로다 하니

세상의 나라가 우리 주인 그리스도의 나라가 된다는 것은 주께서 이 세상에 오신다는 말씀이다.

16. 하나님 앞에서 자기 보좌에 앉아 있던 이십사 장로가 엎드려 얼굴을 땅에 대고 하나님께 경배하여

17. 이르되 감사하옵나니 옛적에도 계셨고 지금도 계신 주 하나님

곧 전능하신 이여 친히 큰 권능을 잡으시고 왕 노릇 하시도다

18. 이방들이 분노하매 주의 진노가 내려 죽은 자를 심판하시며 종 선지자들과 성도들과 또 작은 자든지 큰 자든지 주의 이름을 경외하는 자들에게 상 주시며 또 땅을 망하게 하는 자들을 멸 망시키실 때로소이다 하더라

　이방인들이 분노한다는 것은 재림주님께서 이 세상에 오심으로 사탄이 자기 때가 얼마 남지 않았음을 알기 때문에 분노한다는 말씀이다

19. 이에 하늘에 있는 하나님의 성전이 열리니 성전 안에 하나님의 언약궤가 보이며 또 번개와 음성들과 우레와 지진과 큰 우박이 있더라

　재림주님께서 이 세상에 출현하시기 직전의 상황을 묘사한 말씀이다. 하나님의 언약궤는 이스라엘 민족의 출애굽 때 하나님께서 일시적으로 임재하여 계시던 곳이다. 하나님의 언약궤가 있는 성전이 열린다는 것은 하나님께서 하나님의 성전에서 이 세상으로 출발을 하신다는 것이고, 번개와 음성들과 우레와 지진과 큰 우박이 있다는 것은 하나님께서 영광과 권능과 심판말씀으로 이 세상에 현현하실 것이라는 말씀이다.

※ 하나님께서는 모든 곳에 계시고 모든 생명체에 계시지만 하나의 객체와 대상의 존재로도 계시다. 모든 광물과 물질들 그리고 모든 생명체에 계신 하나님이시기 때문에 그 존재가 하나님을 나타내는 것은 선이 되고 하나님을 나타내지 않고 분리의 속성을 드러내는 것은 악이 된다. 많은 사람들이 세상에서 권력과 권세 그리고 명예가 높아지거나 직위나 직분이 높아지면 높아질수록 그리고 부를 많이 축적하면 많이 축적할수록 더 많은 악을 표출하게 되는데, 이는 세상에서 그 존재가 높아질수록 인성적인 부분이 더욱 강화되어 교만해지기 때문이다. 교만 속에서는 하나님을 나타낼 수 없고 오직 겸손과 고요 속에 있을 때만 하나님을 나타낼 수 있다.

요한계시록

제12장

여자와 붉은 용

여자와 붉은 용

1. 하늘에 큰 이적이 보이니 해를 옷 입은 한 여자가 있는데 그 발 아래에는 달이 있고 그 머리에는 열두 별의 관을 썼더라

   해를 옷 입었다는 것은 하나님의 말씀으로 치장을 하였다는 말씀으로 복음화가 되었다는 것을 말하고 여자는 땅의 왕들을 다스리는 큰 성이라(계17:18절) 하였듯이 한 나라를 말한다. 그 발 아래에는 달이 있다는 것은 해가 하나님을 상징할 때 달은 성신을 별은 예수님을 상징하므로 복음화된 나라에 성신이 계시다는 말씀으로 그 나라에 성령의 은사가 일어날 것을 말씀하신 것이다. 그 머리에는 열두 별의 관을 썼다는 것은 예수님의 열두 제자의 직분(冠)을 받은 나라 즉 재림을 할 나라를 말한다.

2. 이 여자가 아이를 배어 해산하게 되매 아파서 애를 쓰며 부르

짓더라

이 나라가 재림을 앞두고 해산의 고통을 당한다는 것은 다른 나라 식민지가 되어 백성들이 고통을 당한다는 말씀이다.

3. 하늘에 또 다른 이적이 보이니 보라 한 큰 붉은 용이 있어 머리가 일곱이요 뿔이 열이라 그 여러 머리에 일곱 왕관이 있는데

붉은 용은 공산주의 사상을 뜻하고 큰 붉은 용은 소련을 지칭한다. 머리가 일곱은 소련의 지도체제를 말하며 뿔이 열인 것은 소련의 지도자 10명을 이르는 말씀이다. 소련의 7곱 지도체제는 레닌시대(1917-1924), 스탈린시대(1924-1953), 흐루쇼프시대(1953-1964), 브레즈네프시대(1964-1982), 안드로포프시대(1982-1984), 체르넨코시대(1984-1985), 고르바초프시대(1985-1991)를 말하고, 10명의 지도자는 레닌(1917-1924), 스탈린(1924-1953), 말렌코프(1953-1953), 흐루쇼프(1953-1964), 브레즈네프(1964-1982), 안드로포프(1982-1984), 체르넨코(1984-1985), 고르바초프(1985-1991), 야나예프(1991-1991), 이바시코(1991-1991) 등이다.

소련의 지도자들이 하나님께 반하는 공산주의 국가의 수장들이지만, 그들 모두가 하나님께 반하는 지도자들이었던 것은 아니다. 고르바초프는 공산주의 국가들이 개혁과 개방을 하는데 영향을 주었고 공산주의 사상에서 해방을 하는 데도 일조한 인물로 후세에도 좋은 이름으로 남을 만한 지도자이다.

4. 그 꼬리가 하늘의 별 삼분의 일을 끌어다가 땅에 던지더라 용이 해산하려는 여자 앞에서 그가 해산하면 그 아이를 삼키고자 하더니

　그 꼬리가 하늘의 별 삼분의 일을 끌어다가 땅에 던진다는 것은 공산주의 사상에 의해 이 세상 삼분의 일이 공산화가 된다는 말씀이고 용이 해산하려는 여자 앞에서 그가 해산하면 그 아이를 삼키고자 하다는 것은 재림주님이 탄생을 할 나라를 재림주님이 태어나기 전에 공산화를 하려고 한다는 말씀으로 육이오 전쟁을 말한다.

5. 여자가 아들을 낳으니 이는 장차 철장으로 만국을 다스릴 남자라 그 아이를 하나님 앞과 그 보좌 앞으로 올려가더라

　드디어 재림주님께서 육이오 전쟁 이후에 남한에서 탄생하셨다는 말씀이다.

6. 그 여자가 광야로 도망하매 거기서 천이백육십일 동안 그를 양육하기 위하여 하나님께서 예비하신 곳이 있더라

　여자는 남한을, 광야는 세상을 뜻하고 천이백육십일은 한 때와 두 때와 반 때와 같이 유동적인 일정기간을 말해 재림주님께서 남한에서 태어나 유동적인 일정한 기간 동안 하나님께서 예

비한 남한의 모처에서 성장하다는 말씀이다

7. 하늘에 전쟁이 있으니 미가엘과 그의 사자들이 용과 더불어
   싸울새 용과 그의 사자들도 싸우나
   　하늘에서 천사장 미가엘과 천사들이 타락해 사탄이 된 천사
   장 루시퍼와 그를 따르는 천사들과 전쟁을 벌인다는 말씀이다.

8. 이기지 못하여 다시 하늘에서 그들이 있을 곳을 얻지 못한지라

9. 큰 용이 내쫓기니 옛 뱀 곧 마귀라고도 하고 사탄이라고도 하
   며 온 천하를 꾀는 자라 그가 땅으로 내쫓기니 그의 사자들도
   그와 함께 내쫓기니라

10. 내가 또 들으니 하늘에 큰 음성이 있어 이르되 이제 우리 하나
    님의 구원과 능력과 나라와 또 그의 그리스도의 권세가 나타
    났으니 우리 형제들을 참소하던 자 곧 우리 하나님 앞에서 밤낮
    참소하던 자가 쫓겨났고

11. 또 우리 형제들이 어린 양의 피와 자기들이 증언하는 말씀으로 써 그를 이겼으니 그들은 죽기까지 자기들의 생명을 아끼지 아니 하였도다

12. 그러므로 하늘과 그 가운데에 거하는 자들은 즐거워하라 그러나 땅과 바다는 화 있을진저 이는 마귀가 자기의 때가 얼마 남지 않은 줄을 알므로 크게 분내어 너희에게 내려갔음이라 하더라

13. 용이 자기가 땅으로 내쫓긴 것을 보고 남자를 낳은 여자를 박해하는지라

    재림주님이 탄생한 남한이 공산화된 북한으로부터 박해를 받는다는 말씀이다.

14. 그 여자가 큰 독수리의 두 날개를 받아 광야 자기 곳으로 날아가 거기서 그 뱀의 낯을 피하여 한 때와 두 때와 반 때를 양육 받으매

    여자는 남한을 말하고 큰 독수리는 미국(미국의 국조가 독수리임)을 말하며 광야는 세상을, 뱀은 공산화된 북한을 말하므로 북한 침략의 위험을 받는 남한이 미국의 보호를 받는다는 말씀이다.

15. 여자의 뒤에서 뱀이 그 입으로 물을 강 같이 토하여 여자를 물에 떠내려가게 하려 하되

　　뱀의 입에서 나온 물은 북한의 공산주의 사상과 주체사상을 뜻하므로, 여자의 뒤에서 뱀이 그 입으로 물을 강 같이 토하여 여자를 물에 떠내려가게 하려 한다는 것은　북한의 공산주의 사상과 주체사상의 영향으로 남한에 사는 많은 사람들이 좌경화되고 그에 따른 사회의 혼란으로 남한을 망하게 하려 한다는 말씀이다.

16. 땅이 여자를 도와 그 입을 벌려 용의 입에서 토한 강물을 삼키니

　　땅은 육적인 세상과 물질적인 세상을 상징하고 용의 입에서 토한 강물은 공산주의와 주체사상에 따른 좌경화 사상을 말하므로, 땅이 여자를 도와 그 입을 벌려 용의 입에서 토한 강물을 삼켰다는 것은 자본주의 경제성장에 따른 물질의 풍요가 좌경화 사상을 무력하게 만들었다는 말씀이다.

17. 용이 여자에게 분노하여 돌아가서 그 여자의 남은 자손 곧 하나님의 계명을 지키며 예수의 증거를 가진 자들과 더불어 싸우려고 바다 모래 위에 서 있더라

　　사탄이(용)이 공산주의 사상(붉은용)과 주체사상(뱀)으로 남한을 적화하려고 하였으나 실패를 하자 예수님을 믿는 자들과 싸우려고 세상의 수많은 유신론자들을 이끌고 서 있다는 말씀이다(바다

→무신론, 모래→수많은 유신론자들, 위에→이끌음).

※ 옛뱀 또는 용으로 불리는 마귀 사탄인 천사장 루시퍼가 인간들을 조정
   해 잘못된 사상과 잘못된 신학이 나오고 그를 따르는 마귀들의 영향으
   로 수많은 거짓 목자와 거짓 선지자들이 나타나며 그들을 따르는 신도
   들로 인하여 부패한 교회와 회당과 사이비 종교가 우후죽순처럼 나타
   나고 있다.

두 마리 짐승

두 마리 짐승

1. 내가 보니 바다에서 한 짐승이 나오는데 뿔이 열이요 머리가 일
   곱이라 그 뿔에는 열 왕관이 있고 그 머리들에는 신성모독 하
   는 이름들이 있더라

   바다에서 한 짐승이 나온다는 것은 바다는 무신론자들을 지
   칭하기 때문에 무신론자들 중에서 한 짐승이 나온다는 말씀이
   다. 이 짐승이 뿔이 열이요 머리가 일곱이라는 것은 공산주의를
   한 큰 붉은 용이 있어 머리가 일곱이요 뿔이 열이라 표현했듯이
   사탄에 의해 나타나는 짐승은 10개의 뿔과 7개의 머리로 표현되
   고 있다. 이 짐승은 바로 사탄이 침투한 구교(가톨릭)를 말한다. 이
   천 년 이전 예수님의 제자 가룟 유다가 예수님의 12제자이면서
   도 돈을 받고 예수님을 파는 배신자가 되었듯이 가장 큰 적그리
   스도는 바로 하나님께서 세운 교회에서 나오게 되어 있다. 그곳
   이 바로 하나님과 사탄의 최일선의 대치선이기 때문이다. 따라서
   구교(가톨릭)가 뿔이 열이요 머리가 일곱인 짐승으로 표현된 것은

사탄이 침투한 종파임을 표현한 것이다. 그 뿔에는 열 왕관이 있다는 것은 뿔이 왕을 가리키고 있다는 것을 말하고 그 머리들에는 신성을 모독하는 이름들이 있다는 것은 머리로 표현된 왕들이 하나님의 뜻과 반하는 이들임을 말한다.

뿔이 왕을 지칭하고 머리가 체제나 교파의 왕을 지칭하고 있는데, 사탄이 짐승으로 표현될 때 뿔이 열이요 머리가 일곱이라고 표현되고 있는 이유는 루시퍼가 7차원적 존재임에도 자기 임의대로 창조주 차원인 10차원적 존재가 되려고 하였기 때문이다.

- 너 아침의 아들 계명성(루시퍼)이여 어찌 그리 하늘에서 떨어졌으며 너 열국을 엎은 자여 어찌 그리 땅에 찍혔는고(이사야 14장 12절)

  네가 네 마음에 이르기를 내가 하늘에 올라 하나님의 뭇 별 위에 내 자리를 높이리라 내가 북극 집회의 산 위에 앉으리라(13절)

  가장 높은 구름에 올라가 지극히 높은 이와 같아지리라 하는도다(14절)

  그러나 이제 네가 스올 곧 구덩이 맨 밑에 떨어짐을 당하리로다(15절)

  너를 보는 이가 주목하여 너를 자세히 살펴보며 말하기를 이 사람이 땅을 진동시키며 열국을 놀라게 하며(16절)

  세계를 황무하게 하며 성읍을 파괴하며 그에게 사로잡힌 자들을 집으로 놓아 보내지 아니하던 자가 아니냐 하리로다(17절)

※ 참고로 처음 천지를 창조하시고 모든 영을 창조하셨으며 모든 곳에 임재하여 계신 하나님은 12차원 이상의 존재이고 은하계와 소우주를 주관하고 항성들과 행성들을 리모델링하며 인간들의 진화를 담당하는 대

천사들은 8차원에서 10차원적 존재들이며 5차원에서 7차원에 속한 이들은 낙원 급의 존재들이다.

2. 내가 본 짐승은 표범과 비슷하고 그 발은 곰의 발 같고 그 입은 사자의 입 같은데 용이 자기의 능력과 보좌와 큰 권세를 그에게 주었더라

    표범은 사냥을 위한 매복이 능하고 사냥감에게 소리 없이 접근을 하는 동물이므로 짐승이 표범과 비슷하다는 것은 구교(가톨릭)가 교세확장을 위한 활동을 드러내 놓고 하지 않고 생활 속에서 접하는 이들에게 은연중에 전도를 한다는 말씀이고, 그 발은 곰의 발 같다는 것은 곰의 발이 크므로 큰 발을 이르는 말로 구교(가톨릭)의 활동범위가 넓다는 말씀이며 그 입은 사자의 입 같다는 것은 사자의 입이 강함을 나타냄으로 구교(가톨릭)의 권세가 막강하다는 말씀이다.

3. 그의 머리 하나가 상하여 죽게 된 것 같더니 그 죽게 되었던 상처가 나으매 온 땅이 놀랍게 여겨 짐승을 따르고

    루터의 종교 개혁으로 구교(가톨릭)가 사라질 뻔하였으나 다시 교세가 회복이 된다는 말씀이다.

4. 용이 짐승에게 권세를 주므로 용에게 경배하며 짐승에게 경배

하여 이르되 누가 이 짐승과 같으냐 누가 능히 이와 더불어 싸우리요 하더라

　　사탄이 침투한 구교(가톨릭)의 권세가 막강하다는 말씀이다

5. 또 짐승이 과장되고 신성모독을 말하는 입을 받고 또 마흔두 달 동안 일할 권세를 받으니라

　　마흔두 달이란 유동적인 일정한 기간을 말한다.

6. 짐승이 입을 벌려 하나님을 향하여 비방하되 그의 이름과 그의 장막 곧 하늘에 사는 자들을 비방하더라

　　사탄이 침투된 영향력이 있는 성직자들에 의해 잘못된 교리가 나오고 그 잘못된 교리로 올바른 신앙인들을 비난한다는 말씀이다.

7. 또 권세를 받아 성도들과 싸워 이기게 되고 각 족속과 백성과 방언과 나라를 다스리는 권세를 받으니

　　또 권세를 받아 성도들과 싸워 이기게 된다는 것은 구교(가톨릭)가 사탄이 침투해 잘못된 믿음을 전파해 성도들에게 잘못된 믿음을 갖게 한다는 말씀이고, 각 족속과 백성과 방언과 나라를 다스리는 권세를 받는다는 것은 구교(가톨릭)의 교세가 많은 나라

의 백성들에게까지 미친다는 말씀이다.

8. 죽임을 당한 어린 양의 생명책에 창세 이후로 이름이 기록되지 못하고 이 땅에 사는 자들은 다 그 짐승에게 경배하리라

　죽임을 당한 어린 양의 생명책에 창세 이후로 이름이 기록되지 못하고 이 땅에 사는 자들이라는 것은 창세 이후로 영적인 성장을 하여 낙원에 가지 못해 계속하여 이 땅에 윤회와 환생하는 이들을 말하고 그들이 다 그 짐승에게 경배한다는 것은 사탄이 침투한 구교(가톨릭)의 위세가 세상 모든 곳에 미칠 것을 말한다.

9. 누구든지 귀가 있거든 들을지어다

　깨어 있는 자는 계시록의 말씀을 알아들으라는 말씀이다.

10. 사로잡힐 자는 사로잡혀 갈 것이요 칼에 죽을 자는 마땅히 칼에 죽을 것이니 성도들의 인내와 믿음이 여기 있느니라

　성도들의 인내와 믿음이 없으면 사탄에게 사로잡히고 잘못된 믿음으로 인해 영적인 죽음을 당하게 된다는 말씀이다.

11. 내가 보매 또 다른 짐승이 땅에서 올라오니 어린 양 같이 두 뿔

이 있고 용처럼 말을 하더라

　땅은 물질적인 세상을 지칭하고 다른 짐승은 사탄이 침투한 신교(개신교)를 말한다. 어린 양 같이 두 뿔이 있다는 것은 재림에 앞서 두 증인이 구약과 신약을 대표하는 상징성을 가지고 오셨 듯이 신교(개신교)에서 구약과 신약을 상징하는 적그리스도가 두 명이 나올 것을 말한다. 용처럼 말을 한다는 것은 용은 타락해 사탄이 된 천사장 루시퍼를 말하므로 루시퍼가 에덴동산에서 감 언이설로 하와를 꼬드기듯이 사탄이 침투한 두 명의 적그리스도 가 감언이설을 할 것을 말한다.

12. 그가 먼저 나온 짐승의 모든 권세를 그 앞에서 행하고 땅과 땅 에 사는 자들을 처음 짐승에게 경배하게 하니 곧 죽게 되었던 상처가 나은 자니라

　죽게 되었던 짐승은 위에 13장 3절에서 거론된 된 사탄이 침투 한 구교(가톨릭)를 말한다. 구교(가톨릭)에서 교황의 권위와 권세가 하늘 같고 신부도 신과 나 사이에 중재자가 되어 죄를 면제해 주 는 막강한 권세를 가지고 있었는데 이를 타파하고자 일어난 종 교개혁이 결국에는 신교(개신교)에서도 구교(가톨릭)에서의 교회직 분 처럼 목사, 전도사, 장로, 권사, 집사, 신도 등의 직분이 있고 구교(가톨릭)에서처럼 신교(개신교)에서도 높은 직분에 있는 이들을 섬기게 한다는 말씀이다.

13. 큰 이적을 행하되 심지어 사람들 앞에서 불이 하늘로부터 땅에
내려오게 하고

목사가 안수를 하는 모습을 표현한 말씀이다.

14. 짐승 앞에서 받은바 이적을 행함으로 땅에 거하는 자들을 미
혹하며 땅에 거하는 자들에게 이르기를 칼에 상하였다가 살아
난 짐승을 위하여 우상을 만들라 하더라

짐승 앞에서 받은바 이적을 행한다는 것은 목회자가 신교(개신
교)에서 목사의 직분을 받아 신도들에게 안수를 한다는 것이고
칼에 상하였다가 살아난 짐승을 위하여 우상을 만들게 한다는
것은 루터의 종교개혁으로 없어질 뻔했던 구교(가톨릭)에서의 교
회직분이 신교(개신교)에서도 교회직분을 만들어 감투가 되게 한
다는 말씀이다.

15. 그가 권세를 받아 그 짐승의 우상에게 생기를 주어 그 짐승의
우상으로 말하게 하고 또 짐승의 우상에게 경배하지 아니하는
자는 몇이든지 다 죽이게 하더라

그가 권세를 받는다는 것은 신교(개신교)가 확장될 것을 뜻하고,
그 짐승의 우상에게 생기를 준다는 것은 교회의 직분에 값어치
를 부여한다는 것이며, 그 짐승의 우상으로 말하게 한다는 것은
교회 직분의 감투로 그의 존재가치를 판단한다는 말씀이다. 그

리고 짐승의 우상에게 경배하지 아니하는 자는 몇이든지 다 죽이게 한다는 것은 교회직분의 감투를 쓰고자 하지 않는 무신론자나 다른 종교인들은 모두 천국에 가지 못하고 하나님의 심판을 받는다는 말을 한다는 것이다.

16. 그가 모든 자 곧 작은 자나 큰 자나 부자나 가난한 자나 자유인이나 종들에게 그 오른손에나 이마에 표를 받게 하고

    그 신교(개신교)가 모든 세상의 사람들을 전도하려고 하고 또 그들에게 교회 직분의 감투를 쓰게 하려 한다는 말씀이다.

17. 누구든지 이 표를 가진 자 외에는 매매를 못하게 하니 이 표는 곧 짐승의 이름이나 그 이름의 수라

    누구든지 이 표를 가진 자 외에는 매매를 못하게 한다는 것은 교회에 다니는 사람들의 호칭이 ○○○목사님, ○○○장로님, ○○○권사님, ○○○집사님 ○○○성도님 등등으로 불리는 것을 말하고 이러한 교회직분이 없는 무신론자들과 다른 종파나 교파에 다니는 사람들은 교회 내에서 값어치가 없는 사람으로 불리게 된다는 말씀이다(타종교에서도 마찬가지임). 이 표는 곧 짐승의 이름이나 그 이름의 수라는 것은 이 표는 곧 신앙으로 생긴 직분이나 그 직분의 개수라는 말씀이다.

18. 지혜가 여기 있으니 총명한 자는 그 짐승의 수를 세어 보라 그 것은 사람의 수니 그의 수는 육백육십육이니라

　　그 짐승의 수라는 것은 사탄이 침투한 신앙의 직분들의 수를 말하고 그것은 사람의 수니 그의 수는 육백육십육이라는 것은 신교(개신교)에서 목사, 전도사, 장로, 권사, 집사, 신도 등 여섯 개 직분과 구교(가톨릭)에서 교황, 추기경, 주교, 신부, 수녀, 신도 등 6개 교회직분 등을 말한다. 짐승의 표라는 것은 바로 신앙(모든 종교)의 직분을 말하는 것이다.

　　신앙의 직분을 짐승의 표라고 하는 것은 신앙의 직분을 받은 이들이 그 직분이 마치 신(하나님을 포함한 모든 신들)으로부터 받은 것인 양 생각하여 많은 신앙인들이 교만해지기 때문이다. 이 교만은 자기 인성적인 부분의 강화를 초래하게 되기 때문에 신앙의 직분을 짐승의 표라고 한 것이다. 신앙인들이 자기가 믿는 신을 믿음으로 인하여 믿기 이전보다 주변의 사람들에게 좋은 사람이 되었으면 하나님의 표를 받은 것이 되고 오히려 신을 믿기 이전보다 주변의 사람들에게 안 좋은 사람이 되었으면 짐승의 표를 받은 것이 된다. 그러나 설령 신앙생활을 한 이후로 그 주변의 사람들에게 신앙생활을 하기 전보다 더 안 좋은 사람이 되어 짐승의 표를 받았다고 해서 그가 지옥에 가는 것도 아니고 구원을 받지 못하는 것도 아니다. 모든 것은 그가 이루고 있는 영적인 성장과 그 인간의 됨됨이에 따라 그 존재가 판단되는 것이다. 신앙생활은 하나님께로 가는 지름길인데 사탄이 침투해 잘못된 길로 인도하기 때문에 짐승의 표라고 한 것이지 인간을 두고 심판

하는 말씀이 아니다. 인간은 누구나 소중하고 존귀한 존재들이다. 왜냐하면 누구에게나 하나님께서 그 존재 내면에 거하고 계시기 때문이다. 짐승의 표를 받은 이들은 빨리 짐승의 표를 벗어버리고 회개를 통해 겸손하고 어린아이처럼 순박해져야 한다. 자기 존재를 스스로 낮추면 낮춘 것 몇 갑절로 하나님께서 그 존재를 높이실 것이다. 모든 존재는 하나님 앞에 하나이다. 또한 모든 존재는 하나님과 함께 하나의 팀을 이루고 있는 것이다.

요한계시록

제14장

마지막 추수

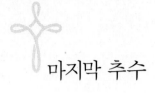

마지막 추수

1. 또 내가 보니 보라 어린 양이 시온 산에 섰고 그와 함께 십사
   만 사천이 서 있는데 그들의 이마에는 어린 양의 이름과 그 아
   버지의 이름을 쓴 것이 있더라

   드디어 재림주님께서 이 세상에 그 존재를 드러내시는데, 그분
   으로부터 선택을 받은 십사만 사천명이 함께 세상에 출현하신다
   는 말씀이다. 어린 양과 함께 하는 십사만 사천 명은 그들이 자
   기 마음을 비움으로써 그들 내면에 임재하여 계신 하나님의 영
   을 발견하여 하나님의 영으로 오시는 메시아와 상봉이 이루어진
   이들을 말한다.

2. 내가 하늘에서 나는 소리를 들으니 많은 물소리와도 같고 큰
   우렛소리와도 같은데 내가 들은 소리는 거문고 타는 자들이 그
   거문고를 타는 것 같더라

하늘에서 나는 소리라는 것은 재림주님께서 이 세상에 그 존재를 드러내서 하나님의 말씀을 전하는 것을 표현한 말씀이다. 많은 물소리 같다는 것은 재림주님의 입에서 끊임없이 진리의 말씀인 하나님의 말씀이 나오다는 것을 말하고 큰 우렛소리와 같다는 것은 그 말씀이 권위가 있다는 것을 말하며 거문고 타는 자들이 그 거문고를 타는 것 같다는 것은 그 행실이 진지하다는 것을 말한다.

3. 그들이 보좌 앞과 네 생물과 장로들 앞에서 새 노래를 부르니 땅에서 속량함을 받은 **십사만 사천 밖에는 능히** 이 노래를 배울 자가 없더라

   하나님으로부터 선택을 받은 십사만 사천 명 이들이 배워 부르는 노래는 인성에서 신성으로 가는 길로 자기 자신을 낮추는 삶의 여정을 말한다.

4. 이 사람들은 여자와 더불어 더럽히지 아니하고 순결한 자라 어린 양이 어디로 인도하든지 따라가는 자며 사람 가운데에서 속량함을 받아 처음 익은 열매로 하나님과 어린 양에게 속한 자들이니

   여자는 나라를 말하는데 여기서 여자는 국가를 말하는 것이 아니고 나라의 세속적인 것을 말해 여자와 더불어 더럽힌다는

것은 세상의 재물을 탐하고 명예와 권력 등 세속적인 직위나 직분 그리고 감투 등에 집착하는 우상숭배를 말한다. 이렇게 욕심이 꽉 차 있는 사람들은 세속적인 것을 버리지 못해 재림주님이 인도하는 곳으로 따라가지 못한다.

5. 그 입에 거짓말이 없고 흠이 없는 자들이더라 6 또 보니 다른 천사가 공중에 날아가는데 땅에 거주하는 자들 곧 모든 민족과 종족과 방언과 백성에게 전할 영원한 복음을 가졌더라

   천사가 공중을 날아간다는 것은 천사가 세상에 무엇을 전달하기 위해 이동을 한다는 것인데 그가 세상에 전달할 것은 영원한 복음이라는 말씀이다.

7. 그가 큰 음성으로 이르되 하나님을 두려워하며 그에게 영광을 돌리라 이는 그의 심판의 시간이 이르렀음이니 하늘과 땅과 바다와 물들의 근원을 만드신 이를 경배하라 하더라

8. 또 다른 천사 곧 둘째가 그 뒤를 따라 말하되 무너졌도다 무너졌도다 큰 성 바벨론이여 모든 나라에게 그의 음행으로 말미암아 진노의 포도주를 먹이던 자로다 하더라

   첫째 천사의 영원한 복음이 세상에 전달된 후에 큰 성 바벨론

이 무너졌는데 바벨론이라는 것은 특정한 지역이나 나라를 이르는 말이 아니고 잘못된 종교들의 교회와 회당을 말한다. 음행은 이방인의 신(사탄)을 섬기는 것과 하나님께 반하는 사상에 물이 드는 것과 잘못된 믿음을 가르치거나 잘못된 믿음을 믿는 것을 말하고 진노의 포도주는 하나님의 심판을 말한다. 그러므로 모든 나라에게 그의 음행으로 말미암아 진노의 포도주를 먹이던 자인 큰 성 바벨론이 무너졌다는 것은 사탄이 침투해 하나님께 반하는 사상에 물들거나 잘못된 신앙을 믿는 종교들의 교회들과 회당들이 무너졌다는 말씀이다.

9. 또 다른 천사 곧 셋째가 그 뒤를 따라 큰 음성으로 이르되 만일 누구든지 짐승과 그의 우상에게 경배하고 이마에나 손에 표를 받으면

   짐승은 사탄에 의해 나타나는 사상과 신앙 그리고 그에 따르는 무리들과 회당들과 그 수장들을 지칭하므로, 짐승은 활동하는 사탄을 말하고 우상은 세상의 재물과 명예와 권력과 감투를 말하며, 표는 짐승의 표로, 신앙생활로 인해 더 안 좋은 사람으로 변한 이들의 신앙의 직분을 말한다.

10. 그도 하나님의 진노의 포도주를 마시리니 그 진노의 잔에 섞인 것이 없이 부은 포도주라 거룩한 천사들 앞과 어린 양 앞에서

불과 유황으로 고난을 받으리니

하나님의 진노의 포도주는 하나님의 심판을 말하는데, 그 심판은 말씀 심판으로 탕자들의 마음을 하나님께로 돌리기 위한 채찍이다.

11. 그 고난의 연기가 세세토록 올라가리로다 짐승과 그의 우상에게 경배하고 그의 이름표를 받는 자는 누구든지 밤낮 쉼을 얻지 못하리라 하더라

연기는 불이 탈 때 나고 불은 하나님의 말씀을 상징한다. 따라서 연기는 하나님의 말씀에 대한 기록들을 말하고 고난의 연기는 하나님 말씀에 따른 고통의 기록들을 말해 교회에 다녀 하나님과 예수님을 믿어 구원을 받아 하늘나라에 갈 것을 믿던 신도들과 신도 이상의 교회 직분을 받고 교회의 직분에 가치를 부여하던 이들이 그들이 잘못된 신앙생활을 하였다는 것을 알게 되어 밤낮 고통을 받게 된다는 말씀이다.

12. 성도들의 인내가 여기 있나니 그들은 하나님의 계명과 예수에 대한 믿음을 지키는 자니라

하나님의 가장 큰 계명은 크게 두 가지로 하나님을 사랑하는 것과 이웃을 사랑하라는 것이라고(마태복음 22:37-40) 예수님께서 말씀하셨고 예수에 대한 믿음이라는 것은 예수님께서 타락한 이

세상에 오셔서 하나님의 말씀으로 이 세상을 구원하실 것을 말한다. 예수님께서 육의 몸으로 다시 오셔서 전하는 하나님 진리의 말씀을 받아들여 우리가 성령으로 거듭날 때 구원의 역사가 이루어진다.

13. 또 내가 들으니 하늘에서 음성이 나서 이르되 기록하라 지금 이후로 주 안에서 죽는 자들은 복이 있도다 하시매 성령이 이르시되 그러하다 그들이 수고를 그치고 쉬리니 이는 그들의 행한 일이 따름이라 하시더라

주안에서 죽는다는 것은 주를 따르기 위해 자기 인성을 버리는 것을 말한다. 인성을 버리면 신성이 나타나게 되는데 이렇게 인성이 신성으로 바뀌게 되면 그의 성품이 겸손하고 고요한 사람으로 바뀌게 되어 평화를 얻게 된다.

14. 또 내가 보니 흰 구름이 있고 구름 위에 인자와 같은 이가 앉으셨는데 그 머리에는 금 면류관이 있고 그 손에는 예리한 낫을 가졌더라

구름은 육체를 말하고 흰 구름은 성결된 육체를 말하며 인자와 같은 이는 재림한 예수님을 이르는 말씀이다. 머리에 금 면류관이 있다는 것은 악과 싸워 승리한 이력을 말하고 손에 예리한

낫을 가졌다는 것은 하늘 앞에 진실한 믿음을 가진 이들을 구원할 진리의 말씀을 가지고 있다는 말씀이다.

15. 또 다른 천사가 성전으로부터 나와 구름 위에 앉은 이를 향하여 큰 음성으로 외쳐 이르되 당신의 낫을 휘둘러 거두소서 땅의 곡식이 다 익어 거둘 때가 이르렀음이니이다 하니

    땅의 곡식은 영적 성장을 위해 삶을 살아가는 인생들을 말한다.

16. 구름 위에 앉으신 이가 낫을 땅에 휘두르매 땅의 곡식이 거두어지니라

일곱 재앙을 위한 준비

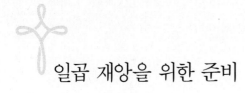

일곱 재앙을 위한 준비

1. 또 하늘에 크고 이상한 다른 이적을 보매 일곱 천사가 일곱
    재앙을 가졌으니 곧 마지막 재앙이라 하나님의 진노가 이것으
    로 마치리로다

2. 또 내가 보니 불이 섞인 유리 바다 같은 것이 있고 짐승과 그의
    우상과 그의 이름의 수를 이기고 벗어난 자들이 유리 바다 가
    에 서서 하나님의 거문고를 가지고

    유리 바다는 대우주를 한눈에 바라본 것이라고 계시록 4장 6
    절에서 밝혔다. 불이 섞인 유리 바다라는 것은 불이 하나님의 말
    씀을 상징하기 때문에 하나님의 말씀이 전파된 대우주를 말한다.

3. 하나님의 종 모세의 노래, 어린 양의 노래를 불러 이르되 주 하나님 곧 전능하신 이시여 하시는 일이 크고 놀라우시도다 만국의 왕이시여 주의 길이 의롭고 참되시도다

4. 주여 누가 주의 이름을 두려워하지 아니하며 영화롭게 하지 아니하오리이까 오직 주만 거룩하시나이다 주의 의로우신 일이 나타났으매 만국이 와서 주께 경배하리이다 하더라

   주의 의로운 일이 나타났다는 것은 죄악의 세상을 구원하기 위해 메시아가 세상에 오셨다는 말씀이다.

5. 또 이 일 후에 내가 보니 하늘에 증거 장막의 성전이 열리며

   하늘에 증거 장막의 성전이 열린다는 것은 하늘로부터 앞으로 일어날 일들을 보여줌을 말한다.

6. 일곱 재앙을 가진 일곱 천사가 성전으로부터 나와 맑고 빛난 세마포 옷을 입고 가슴에 금 띠를 띠고

7. 네 생물 중의 하나가 영원토록 살아 계신 하나님의 진노를 가
   득히 담은 금 대접 일곱을 그 일곱 천사들에게 주니

   네 생물 중의 하나라는 것은 사계절을 관장하는 천사 중에 한
   천사를 이르고 하나님의 진노를 가득히 담은 금 대접은 하나님의
   심판의 말씀으로 탕자를 하나님께로 돌리기 위한 말씀을 뜻한다.

8. 하나님의 영광과 능력으로 말미암아 성전에 연기가 가득 차매
   일곱 천사의 일곱 재앙이 마치기까지는 성전에 능히 들어갈 자
   가 없더라

   연기는 불이 탈 때 나고 불은 하나님의 말씀을 상징한다. 따라
   서 연기는 하나님의 말씀에 대한 기록들을 말해 성전에 연기가
   가득 찬다는 것은 성전이 하나님 말씀의 기록들로 가득 찬다는
   말씀이고, 일곱 천사의 일곱 재앙이 마치기까지는 성전에 능히
   들어갈 자가 없다는 것은 하나님의 진노를 가득 담은 말씀이 타
   락한 인간들을 구원하기 위한 채찍의 말씀으로, 그 말씀으로 정
   화가 되어야 하늘나라에 갈 수가 있다는 말씀이다.

진노의 일곱 대접

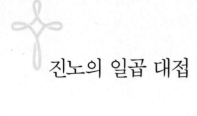

진노의 일곱 대접

1. 또 내가 들으니 성전에서 큰 음성이 나서 일곱 천사에게 말하되
   너희는 가서 하나님의 진노의 일곱 대접을 땅에 쏟으라 하더라

   하나님의 진노의 일곱 대접에 담긴 것은 하나님의 새로운 심판
   말씀이다.

2. 첫째 천사가 가서 그 대접을 땅에 쏟으매 짐승의 표를 받은 사
   람들과 그 우상에게 경배하는 자들에게 악하고 독한 종기가
   나더라

   짐승의 표는 신앙생활로 인해 더 안 좋은 사람으로 변하게 한
   신앙의 직분을 말하고 그 우상은 신앙의 직분에 가치를 부여하
   는 것을 말하며 악하고 독한 종기라는 것은 부패하여 영혼이 곪
   아 터진다는 것을 말한다. 따라서 짐승의 표를 받은 사람들과 그
   우상에게 경배하는 자들에게 악하고 독한 종기가 난다는 것은

교회의 직분을 받고 그 직분에 가치를 부여하는 이들이 부패하여 영혼이 곪아 터진다는 말씀이다. 그러니 이러한 것을 빨리 알아 차려 회개하여 새 생명을 얻으라는 말씀이다.

3. 둘째 천사가 그 대접을 바다에 쏟으매 바다가 곧 죽은 자의 피 같이 되니 바다 가운데 모든 생물이 죽더라

대접에 담긴 것은 하나님의 심판 말씀이고 바다는 무신론자들을 지칭하므로, 대접을 바다에 쏟으매 바다가 곧 죽은 자의 피 같이 되니 바다 가운데 모든 생물이 죽는다는 것은 하나님의 심판 말씀으로 인해 무신론자들의 무신론적 주관(생물)이 없어지고 신이 있음을 알게 된다는 말씀이다.

4. 셋째 천사가 그 대접을 강과 물 근원에 쏟으매 피가 되더라

생명수가 흐르는 강인 교회와 생명수의 원천인 복음도 새로운 하나님의 심판 말씀으로 그 빛을 잃는다는 말씀이다.

5. 내가 들으니 물을 차지한 천사가 이르되 전에도 계셨고 지금도 계신 거룩하신 이여 이렇게 심판하시니 의로우시도다

음녀가 앉아 있는 물은 백성과 무리와 열국과 방언들(계17:15)이라 하여 물은 백성과 무리와 열국과 방언들을 말한다. 따라서

물을 차지한 천사라는 것은 백성과 무리와 열국과 방언들을 다스리는 천사를 말하고, 그가 하나님의 의로운 심판을 찬양하는 말씀이다.

6. 그들이 성도들과 선지자들의 피를 흘렸으므로 그들에게 피를 마시게 하신 것이 합당하니이다 하더라

좋은 피는 생명을 상징하고 나쁜 피는 죽음을 상징하므로, 성도들과 선지자들이 흘린 피는 옳은 행실로 그들에게 피를 마시게 한다는 것은 옳은 행실을 본받게 한다는 말씀이다.

7. 또 내가 들으니 제단이 말하기를 그러하다 주 하나님 곧 전능하신 이시여 심판하시는 것이 참되시고 의로우시도다 하더라

제단이란 하나님께서 지금까지 이 세상을 섭리하신 역사를 뜻하므로, 제단이 말하기를 그러하다 주 하나님 곧 전능하신 이시여 심판하시는 것이 참되시고 의로우시다는 것은 하나님께서 지금까지 이 세상을 섭리하신 역사를 살펴보건대 주 하나님께서 심판하시는 것이 참되시고 의로우시다는 말씀이다. 하나님의 심판이 참되고 의로운 이유는 하나님의 심판이 탕자들의 마음을 하나님께로 돌리기 위한 심판이므로 참되시고 의로우시다고 하는 것이다.

8. 넷째 천사가 그 대접을 해에 쏟으매 해가 권세를 받아 불로 사람들을 태우니

　이곳에서의 해는 하나님께서 세우신 목자를 뜻하고 그 목자가 하나님의 말씀을 받아 하나님의 말씀을 힘 있게 전파한다는 말씀이다.

9. 사람들이 크게 태움에 태워진지라 이 재앙들을 행하는 권세를 가지신 하나님의 이름을 비방하며 또 회개하지 아니하고 주께 영광을 돌리지 아니하더라

　하나님께서 세우신 목자가 하나님의 말씀을 전파하여 많은 사람들이 하나님의 말씀에 감응되었는데 이에 감응되지 않은 사람들이 하나님의 이름으로 오신 주를 비방하고 또 자기 죄를 회개하지 않으며 주께도 영광을 돌리지 않는다는 말씀이다.

10. 또 다섯째 천사가 그 대접을 짐승의 왕좌에 쏟으니 그 나라가 곧 어두워지며 사람들이 아파서 자기 혀를 깨물고

　짐승의 왕좌라는 것은 사탄의 권세를 받아 왕(대통령)이 된 왕정(정권)을 말하고, 그 나라가 곧 어두워진다는 것은 사탄의 권세를 받아 왕이 된 왕정(정권)이 천심이 작용해 그 왕정(정권)의 신임도가 땅에 떨어진다는 것을 말하며, 사람들이 아파서 자기 혀를 깨

문다는 것은 이 왕정(정권)을 이끄는 사람들이 왕정(정권)의 신임도 하락으로 인해 고심을 한다는 말씀이다.

11. 아픈 것과 종기로 말미암아 하늘의 하나님을 비방하고 그들의 행위를 회개하지 아니하더라

아픈 것이란 신임도 하락을 말하고, 종기는 권력의 비리에 따른 부패를 말하며, 하늘의 하나님을 비방한다는 것은 국민의 바른 소리를 오히려 비방한다는 말씀으로, 아픈 것과 종기로 말미암아 하늘의 하나님을 비방하고 그들의 행위를 회개하지 아니한다는 것은 사탄의 권세를 받아 왕(대통령)이 된 왕정(정권)이 신임도 하락과 권력의 비리에 따른 부패로 말미암아 국민의 바른 소리를 오히려 비방하고 그들의 죄의 행위를 회개하지 않는다는 말씀이다.

12. 또 여섯째 천사가 그 대접을 큰 강 유브라데에 쏟으매 강물이 말라서 동방에서 오는 왕들의 길이 예비되었더라

강 유브라데란 두 큰 세력이 전쟁을 위해 큰 강을 사이에 두고 서로 대치해 있는 강을 뜻하는데, 여기에서 유브라데의 강은 영적인 강을 말하고 이 큰 강이 말랐다는 것은 영적인 전쟁이 임박했다는 것을 뜻한다. 동방에서 오는 왕들은 루시퍼와 그의 일당들을 말한다.

13. 또 내가 보매 개구리 같은 세 더러운 영이 용의 입과 짐승의 입과 거짓 선지자의 입에서 나오니

용은 사탄이 된 천사장 루시퍼를 지칭하고 짐승은 사탄에 의해 나타나는 사상과 신앙 그리고 그에 따르는 무리들과 회당들과 그 수장들을 지칭하므로 짐승은 활동하는 사탄을 말한다. 거짓 선지자는 잘못된 성경교리를 만들고 가르치는 교주와 큰 목자들을 지칭한다.

14. 그들은 귀신의 영이라 이적을 행하여 온 천하 왕들에게 가서 하나님 곧 전능하신 이의 큰 날에 있을 전쟁을 위하여 그들을 모으더라

이 세상의 임금은 사탄이다. 온 천하를 꾀는 자로 그의 꾐에 넘어간 자들을 모두 모아 큰 날에 있을 전쟁을 준비한다는 말씀이다. 큰 날에 있을 전쟁, 이것이 세 번째 화, 즉 아마겟돈의 대전쟁이다.

15. 보라 내가 도둑 같이 오리니 누구든지 깨어 자기 옷을 지켜 벌거벗고 다니지 아니하며 자기의 부끄러움을 보이지 아니하는 자는 복이 있도다

도둑 같이 오신다는 것은 주께서 사람들이 모르게 오신다는 말씀으로 이천 년 이전 초림의 때처럼 하늘구름이 아닌 인간의

육체로 오신다는 말씀이고, 누구든지 깨어 자기 옷을 지켜 벌거 벗고 다니지 아니하며 자기의 부끄러움을 보이지 아니하는 자는 복이 있다는 말씀은 옷이 행실을 지칭함으로 올바른 행실을 하는 사람들이 복이 있다는 말씀이다.

16. 세 영이 히브리어로 아마겟돈이라 하는 곳으로 왕들을 모으더라

아마겟돈은 영적인 전쟁터를 말하고 세 영은 13절에서 거론한 용과 짐승과 거짓 선지자들을 뜻하므로, 사탄이 그에 의해 미혹된 모든 사람들을 영적인 대 전쟁을 위해 아마겟돈으로 모은다는 말씀이다.

17. 일곱째 천사가 그 대접을 공중에 쏟으매 큰 음성이 성전에서 보좌로부터 나서 이르되 되었다 하시니

되었다는 것은 때가 되었다는 것을 말하는데, 어떤 때가 되었느냐면 아마겟돈의 대 전쟁의 때가 되었다는 말씀이다.

18. 번개와 음성들과 우렛소리가 있고 또 큰 지진이 있어 얼마나 큰 지 사람이 땅에 있어 온 이래로 이같이 큰 지진이 없었더라

번개와 음성과 우렛소리가 있다는 것은 하나님께서 영광과 권능으로 이 세상에 현현하심을 뜻한다. 큰 지진이 있어 얼마나 큰 지 사람이 땅에 있어 온 이래로 이같이 큰 지진이 없었다는 것은 지진이 소식 전파를 뜻하여 하나님의 소식이 유사 이래로 대서

특필이 된다는 말씀이다.

19. 큰 성이 세 갈래로 갈라지고 만국의 성들도 무너지니 큰 성 바
벨론이 하나님 앞에 기억하신 바 되어 그의 맹렬한 진노의 포도
주 잔을 받으매

20. 각 섬도 없어지고 산악도 간 데 없더라

큰 성 바벨론이란 사탄이 침투해 잘못된 믿음을 가르치는 교
회들과 회당들을 말하는데, 그 교회들과 회당들이 하나님의 진
노를 받아 없어지고 그들의 계통(산악)도 없어진다는 말씀으로 아
마겟돈의 대 전쟁의 결과를 말씀하신 것이다.

21. 또 무게가 한 달란트나 되는 큰 우박이 하늘로부터 사람들에
게 내리매 사람들이 그 우박의 재앙 때문에 하나님을 비방하니
그 재앙이 심히 큼이더라

한 달란트는 약 33킬로그램의 무게를 가지고 있다. 우박은 얼
음덩어리를 말하는 것이 아니고 죄에 대한 심판을 말한다. 한 달
란트나 되는 큰 우박이 하늘로부터 사람들에게 내린다는 것은
큰 하늘심판이 있음을 말하는데, 큰 우박이 하늘로부터 사람들

에게 내리는 것은 아마겟돈의 대 전쟁에서 수많은 사람들이 사탄의 편에 서서 하나님께 대적을 하였기 때문이다. 재앙이 심히 커서 사람들이 하나님을 비방하게 된다는 엄청난 재앙은 이글 끝부분 '재림주님은 언제 오실 것인가?'에서 다시 다루도록 한다.

요한계시록

제17장

큰 음녀에게 내릴 심판

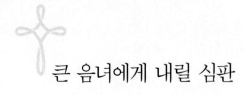

큰 음녀에게 내릴 심판

1. 또 일곱 대접을 가진 일곱 천사 중 하나가 와서 내게 말하여 이르되 이리로 오라 많은 물 위에 앉은 큰 음녀가 받을 심판을 네게 보이리라

   15절 "또 천사가 내게 말하되 네가 본 바 음녀가 앉아 있는 물은 백성과 무리와 열국과 방언들이니라" 하여 물 위에 앉은 큰 음녀는 하나님께 반하는 사상이나 잘못된 신앙에 물든 회당과 교회와 나라와 나라들을 말한다.

2. 땅의 임금들도 그와 더불어 음행하였고 땅에 사는 자들도 그 음행의 포도주에 취하였다 하고

   땅의 임금들도 그와 더불어 음행하였다는 것은 세상의 임금들도 하나님께 반하는 사상이나 잘못된 신앙에 물이 들었다는 말씀이고 땅에 사는 자들도 그 음행의 포도주에 취하였다는 것은

땅의 백성들도 하나님께 반하는 사상이나 잘못된 신앙에 물이 들었다는 말씀이다.

3. 곧 성령으로 나를 데리고 광야로 가니라 내가 보니 여자가 붉은 빛 짐승을 탔는데 그 짐승의 몸에 하나님을 모독하는 이름들이 가득하고 일곱 머리와 열 뿔이 있으며

　　광야는 세상을 지칭하고 여자는 땅의 왕들을 다스리는 큰 성이라(18절) 해서 여자는 땅의 왕들을 배출하는 나라를 말한다. 앞서 붉은 말은 공산주의 사상이었다. 계시록 말씀이 재림의 때를 두고 내린 계시이므로 이곳에서 거론하는 나라는 재림할 나라를 중심으로 말씀하고 있음을 볼 때, 여자가 붉은 빛 짐승을 탔다는 것은 이 나라가 공산화가 된다는 말씀으로 한반도 조선을 말씀하고 있는 것이다. 그 짐승의 몸에 하나님을 모독하는 이름들이 가득하다는 것은 공산주의 사상이 하나님께 반하는 사상이라는 것을 말하고 일곱 머리와 열 뿔이 있다는 것은 공산주의 사상이 활동하는 사탄에 의해 나타난 사상이라는 말씀이다.

4. 그 여자는 자주 빛과 붉은 빛 옷을 입고 금과 보석과 진주로 꾸미고 손에 금 잔을 가졌는데 가증한 물건과 그의 음행의 더러운 것들이 가득 하더라

　　그 여자는 자주 빛과 붉은 빛 옷을 입었다는 것은 한반도가

자주 빛 옷인 기독교화 된 남한과 붉은 옷인 공산화 된 북한으로 나뉘어 있는 것을 뜻하고, 금잔을 가졌다는 것은 잘못 해석된 성경 교리와 공산주의 사상이 귀중한 말씀 같이 보인다는 것을 뜻하는데, 사실은 가증한 물건과 그의 음행의 더러운 것들이 가득하다는 말씀이다. 가증한 물건이라는 것은 우상화에 따른 동상과 탑 그리고 기념물과 기념품 등을 말하고 음행은 하나님께 반하는 사상이나 잘못된 신앙에 물이 든 것을 말한다.

5. 그의 이마에 이름이 기록되었으니 비밀이라, 큰 바벨론이라, 땅의 음녀들과 가증한 것들의 어미라 하였더라

　　큰 바벨론은 사탄이 침투해 잘못된 믿음을 가르치는 교회들과 회당들을 말하고 땅의 음녀들은 하나님께 반하는 사상이나 잘못된 신앙에 물든 가짜 선지자들과 가짜 목자들과 회당과 교회와 나라들을 말하며, 가증한 것들은 공산주의와 주체사상을 지칭하므로, 남한이 가짜 선지자와 가짜 목자들의 어미가 되었고 북한이 가증한 주체사상의 어미가 되었다는 말씀이다.

6. 또 내가 보매 이 여자가 성도들의 피와 예수의 증인들의 피에 취한지라 내가 그 여자를 보고 놀랍게 여기고 크게 놀랍게 여기니

　　여자로 불리는 한반도 조선을 보고 요한이 놀라는데, 왜 놀라

느냐 하면 여자가 탄 일곱 머리와 열 뿔을 가진 짐승이 성도들의 피와 예수의 증인들의 피에 취했기 때문이다.

7. 천사가 이르되 왜 놀랍게 여기느냐 내가 여자와 그가 탄 일곱 머리와 열 뿔 가진 짐승의 비밀을 네게 이르리라

    일곱 머리와 열 뿔 가진 짐승의 비밀이 무엇일까? 붉은 빛 짐승은 공산주의 사상이었다.

8. 네가 본 짐승은 전에 있었다가 지금은 없으나 장차 무저갱으로부터 올라와 멸망으로 들어갈 자니 땅에 사는 자들로서 창세 이후로 그 이름이 생명책에 기록되지 못한 자들이 이전에 있었다가 지금은 없으나 장차 나올 짐승을 보고 놀랍게 여기리라

    무저갱으로부터 올라올 짐승은 루시퍼 사탄을 말한다. 사탄이 재림할 나라에 미리 침투해 가짜 선지자들을 양산하고 잘못된 사상을 전파하며 성경말씀을 잘못 해석하게 하는데, 이전에 있었다가 지금은 없다는 것은 사탄을 무저갱에 결박해 가두었기 때문이다(계20:1-2). 장차 나올 짐승을 보고 놀랍게 여긴다는 것은 그가 천 년 후에 무저갱에서 풀려나올 것을 말한다(계20:3). 창세 이후로 그 이름이 생명책에 기록되지 못한 자들이라는 것은 창세 이후로 영적인 성장을 하여 낙원에 가지 못해 계속하여 이 땅에 윤회와 환생하는 이들을 말한다.

9. 지혜 있는 뜻이 여기 있으니 그 일곱 머리는 여자가 앉은 일곱 산이요

10. 또 일곱 왕이라 다섯은 망하였고 하나는 있고 다른 하나는 아직 이르지 아니하였으나 이르면 반드시 잠시 동안 머무르리라

한반도에 나타날 일곱 왕이라는 것은 사탄이 세운 왕들로 다섯은 임기가 끝났고, 하나는 있고 다른 하나는 아직 이르지 않았는데 일곱째 왕은 잠시 동안만 왕으로 있다는 말씀이다.

11. 전에 있었다가 지금 없어진 짐승은 여덟째 왕이니 일곱 중에 속한 자라 그가 멸망으로 들어가리라

전에 있었다가 지금 없어진 짐승이라는 것은 사탄에게 사로잡힌 정치가가 정치를 하다가 잠시 정치 일선에서 물러나 있다는 말씀이고, 일곱 왕 중에 속한 여덟째 왕이라는 것은 일곱 왕들과 열 왕들과는 의미가 다른 왕들임을 말한다. 일곱 왕은 사탄이 세운 국가 지도자를 일컫고 열 왕들은 거짓 선지자인 교주들이나 교주의 역할을 하고 있는 이들을 일컫기 때문에 열 왕들 중의 여덟째 왕은 일곱 왕들 중에 속해 있다는 것은 거짓 선지자인 교주나 교주의 역할을 하고 있는 이가 국가 지도자가 된다는 말씀이고 그가 멸망으로 들어간다는 것은 그가 지도자의 임기 중에 사망을 한다는 말씀이다. 이 지도자가 10절에서 말한 아직

이르지 않은 일곱째 왕이다

※ 앞으로 일어날 예언의 말씀을 미리 구체적으로 풀어 밝힘으로써 많은
사람들이 앞으로 일어나게 될 일을 알게 되면 예정되었던 일에 변동이
생겨 예언의 말씀이 맞지 않는 경우가 발생한다. 위의 예언의 말씀도 아
직 이르지 않은 일들도 구체적으로 밝힘으로 예언의 말씀이 변동될 가
능성도 있다.

12. 네가 보던 열 뿔은 다만 짐승과 더불어 임금처럼 한동안 권세
를 받으리라

열 뿔, 즉 거짓 선지자인 교주나 교주의 역할을 하고 있는 이들
이 사탄이 세운 국가 지도자(짐승)와 더불어 한동안 임금과 같은
권세를 누린다는 말씀이다.

13. 그들이 한 뜻을 가지고 자기의 능력과 권세를 짐승에게 주더라

거짓 선지자들이 사탄에게 사로잡힌 권력자에게 힘을 보탠다
는 말씀이다.

14. 그들이 어린 양과 더불어 싸우려니와 어린 양은 만주의 주시요
만왕의 왕이시므로 그들을 이기실 터이요 또 그와 함께 있는

자들 곧 부르심을 받고 택하심을 받은 진실한 자들도 이기리
로다

거짓 선지자들과 그들을 따르는 신도들이 사탄이 세운 정권과
한패가 되어 재림의 주와 재림의 주를 따르는 이들과 싸우나 재
림의 주와 그를 따르는 진실한 자들이 이긴다는 말씀이다.

15. 또 천사가 내게 말하되 네가 본 바 음녀가 앉아 있는 물은 백
    성과 무리와 열국과 방언들이니라

    음녀는 하나님께 반하는 사상이나 잘못된 신앙에 물든 가짜
    선지자들과 가짜 목자들과 회당과 교회와 나라와 나라들이라는
    말씀이다.

16. 네가 본 바 이 열 뿔과 짐승은 음녀를 미워하여 망하게 하고
    벌거벗게 하고 그의 살을 먹고 불로 아주 사르리라

    여기에서 거론된 음녀는 공산화된 북한을 지칭하는데, 거짓 선
    지자(열 뿔)와 사탄에 사로잡힌 권력자(짐승)가 이미 대세가 기운 북
    한의 공산주의와 주체사상을 망하게 하고 잘못된 사상임을 폭로
    하여(벌거벗게) 그의 이론(그의 살)을 하나님의 말씀(불)을 빗대 아주
    짓이긴다는 말씀이다.

17. 이는 하나님이 자기 뜻대로 할 마음을 그들에게 주사 한 뜻을 이루게 하시고 그들의 나라를 그 짐승에게 주게 하시되 하나님의 말씀이 응하기까지 하심이라

    하나님이 자기 뜻대로 할 마음을 그들에게 주었다는 것은 북한의 공산화와 그에 따른 통치를 김일성과 김정일 그리고 김정은 등에게 이어지는 것을 허락하셨다는 말씀이고, 한 뜻을 이루게 하셨다는 것은 북한의 공산화와 그에 따른 북한의 통치를 그들에게 허락한 것은 한 뜻을 이루기 위함이라는 것이다. 그들의 나라를 그 짐승에게 주게 하신다는 것은 하나님께 반하는 김일성과 김정일 그리고 김정은 등이 통치한 북한을 또 다른 사탄에 사로잡힌 권력자(짐승)에게 준다는 말씀이고, 하나님의 말씀이 응하기까지라는 것은 하나님의 한 뜻이 이루어질 때까지라는 말씀이다. 그러면 하나님의 한 뜻은 무엇을 말하는 것일까?

    하나님의 한 뜻은 아담의 주권을 원래대로 되찾는 것이다. 아담이 육천 년 이전에 낙원의 에덴동산에서 그의 주권을 천사장 루시퍼에게 빼앗겼는데 아담이 에덴동산에서 빼앗긴 그의 주권은 생명과를 따먹을 수 있는 권한으로 하나님의 인간창조의 목적이다.

    아담의 주권을 찾기 위해서는 먼저 사탄분립이 필요하다. 사탄분립이 필요한 이유는 아담이 에덴동산에서 사탄 루시퍼에게 그의 주권을 빼앗겼기 때문으로 아담과 사탄 루시퍼를 분리한 터전 위에 아담이 사탄 루시퍼를 굴복시킴으로써 그에게 빼앗겼던 그의 주권을 원래대로 되찾아 와야 하는 것이다.

    이러한 과정은 이미 육천 년 이전에 아담과 하와의 자녀 중 가

인이 사탄이 된 천사장 루시퍼의 대리인으로 세워졌고 아벨이 아담의 대리인으로 세워져 하나님께 헌제의 제물을 올리게 될 때부터 시작이 되었다(창:4장 3-6절). 가인과 아벨이 하나님께 제물을 드린 결과 하나님께서 아벨의 제물은 받고 가인의 제물은 받지 않았는데 이 결과로 가인이 아벨에게 굴복하여 원래대로 아담에게 주어졌던 주권을 되찾아왔어야 함에도 불구하고 가인이 아벨을 죽임(창:4장 8절)으로써 아담의 주권 찾기에 실패하였다. 하나님께서 다시 아브라함을 찾아 세워 사탄을 분리하기 위해 상징적인 번제를 하나님께 드리게 하였는데 3단계 성장 기간 중 완성기를 상징하는 비둘기를 쪼개지 않음으로써 사탄을 분리하는 데 실패해 그 후손들이 400년간 애굽의 고역을 통해 사탄을 분리하는 여정을 걸었다.

창세기 15장 9절~17절

9 여호와께서 그에게 이르시되나를 위하여 삼년 된 암소와 삼년 된 암 염소와 삼년 된 수양과 산비둘기와 집비둘기 새끼를 취할찌니라

10 아브람이 그 모든 것을 취하여 그 중간을 조개고 그 쪼갠 것을 마주 대하여 놓고 그 새는 쪼개지 아니하였으며

11 솔개가 그 사채 위에 내릴 때에는 아브람이 쫓았더라

12 해질 때에 아브람이 깊이 잠든 중에 캄캄함이 임하므로 심히 두려워하더니

13 여호와께서 아브람에게 이르시되 너는 정녕히 알라 네 자손이 이방에서 객이 되어 그들을 섬기겠고 그들은 사백년 동안 네 자손을 괴롭히리니

14 그 섬기는 나라를 내가 징벌할지며 그 후에 네 자손이 큰 재물을 이끌고

나오리라

15 너는 장수하다가 평안히 조상에게로 돌아가 장사될 것이요

16 네 자손은 사대만에 이 땅으로 돌아오리니 이는 아모리 족속의 죄악이 아직 관영치 아니함이니라 하시더라

17 해가 져서 어둘 때에 연기 나는 화로가 보이며 타는 횃불이 쪼갠 고기 사이로 지나더라

위의 하나님의 말씀대로 유대민족은 애굽에서 고역 400년을 통해 사탄을 분리한 터전 위에 메시아 강림 준비기간을 거쳐 메시아 예수님께서 이 세상에 오시었는데, 이때는 예수님이 아담의 대리자가 아닌 선의 실체와 아담의 주권의 제공자로 오시었고 유대교가 타락해 사탄이 된 천사장 루시퍼의 대리자로 세워졌다(아래 마태복음:21:33-46, 요한복음 8장 44절). 그러나 유대교가 예수님을 믿지 않고 예수님을 십자가에 메달아 죽임으로써 아담의 주권 회복이 또 좌절되어 재림의 때까지 오게 되었다.

마태복음 21장

33 다른 한 비유를 들으라 한 집 주인이 포도원을 만들어 산울타리로 두르고 거기에 즙 짜는 틀을 만들고 망대를 짓고 농부들에게 세로 주고 타국에 갔더니

34 열매 거둘 때가 가까우매 그 열매를 받으려고 자기 종들을 농부들에게 보내니

집 주인은 하나님을 이르고 종들은 선지자를 이르며 농부들은 세상을 지배하는 사탄 루시퍼의 대리자들인 서기관들과 바리새

인들을 지칭해 열매 거둘 때가 가까우매 그 열매를 받으려고 자기 종들을 농부들에게 보낸다는 것은 하나님께서 아담의 주권을 되찾기 위해 선지자들을 세상에 보냈다는 말씀이다.

35 농부들이 종들을 잡아 하나는 심히 때리고 하나는 죽이고 하나는 돌로 쳤거늘

36 다시 다른 종들을 처음보다 많이 보내니 그들에게도 그렇게 하였는지라

37 후에 자기 아들을 보내며 이르되 그들이 내 아들은 존대하리라 하였더니

아들은 예수님을 지칭함.

38 농부들이 그 아들을 보고 서로 말하되 이는 상속자니 자 죽이고 그의 유산을 차지하자 하고

39 이에 잡아 포도원 밖에 내쫓아 죽였느니라

예수님께서 십자가 매달려 죽게 될 것을 말씀하심.

40 그러면 포도원 주인이 올 때에 그 농부들을 어떻게 하겠느냐

41 그들이 말하되 그 악한 자들을 진멸하고 포도원은 제 때에 열매를 바칠 만한 다른 농부들에게 세로 줄지니이다

42 예수께서 이르시되 너희가 성경에 건축자들의 버린 돌이 모퉁이의 머릿돌이 되었나니 이것은 주로 말미암아 된 것이요 우리 눈에 기이하도다 함을 읽어 본 일이 없느냐

43 그러므로 내가 너희에게 이르노니 하나님의 나라를 너희는 빼앗기고 그 나라의 열매 맺는 백성이 받으리라

재림은 유대민족과 이스라엘이 아닌 다른 민족과 다른 나라로 오신다는 말씀이다.

44 이 돌 위에 떨어지는 자는 깨지겠고 이 돌이 사람 위에 떨어지면 그를 가

루로 만들어 흩으리라 하시니

⁴⁵ 대제사장들과 바리새인들이 예수의 비유를 듣고 자기들을 가리켜 말씀 하심인 줄 알고

⁴⁶ 잡고자 하나 무리를 무서워하니 이는 그들이 예수를 선지자로 앎이었더라

요한복음 8장 44절

너희는 너희 아비 마귀에게서 났으니 너희 아비의 욕심대로 너희도 행하고 자 하느니라 그는 처음부터 살인한 자요 진리가 그 속에 없으므로 진리에 서지 못하고 거짓을 말할 때마다 제 것으로 말하나니 이는 그가 거짓말쟁이 요 거짓의 아비가 되었음이라

너희 아비 마귀란 에덴동산에서 하와를 꼬인 천사장 루시퍼를 이르는 말씀으로, 서기관들과 바리새인들이 에덴동산에서 하와 를 꼬인 뱀으로 묘사된 천사장 루시퍼의 자녀들(대리인)이라는 말 씀이고, 그가 처음부터 살인자라는 것은 아담과 하와의 첫째 아 들인 가인이 동생 아벨을 돌로 쳐 죽인 것을 이르는 말씀이다.

이렇게 아담의 주권회복의 역사는 아담의 가정에서부터 시작 되어 하나님께서 가인과 아벨을 세우셨고 이천 년 이전에는 유대 민족에서 유대교와 예수님을 세우셨으며 재림의 때에는 한민족 에서 북한과 재림주님이 중심이 된 남한을 세우셨음을 볼 수 있 다. 이처럼 하나님의 구원의 섭리인 아담의 주권 찾기는 사람들 의 실패에 의해 넘어야 할 벽이 점점 넓어지고 있는 것이다.

재림시대인 현재도 하나님께서 한민족을 일제식민지 36년(을사 늑약으로부터 40년)을 통해 사탄을 분리한 터전 위에 한반도 조선을

삼팔선으로 남과 북으로 갈라놓으시고 북한을 사탄이 된 천사장 루시퍼 대리자로, 남한을 아담의 대리자로 각각 세우셨다. 따라서 북한은 가인과 유대교인들의 전철을 밟지 말고 남한에 굴복하여 하나님의 원래 목적대로 아담에게 주어졌던 에덴동산에서의 주권을 아담의 후손들에게 되돌려 주어야 하는 것이다.

그리하여 아담과 하와가 에덴동산에서 못다 이룬 생명나무로 갈 수 있는 길을 마련해야 한다.

※ 아담의 주권 회복이 바로 세상의 구원이다

아담의 주권 회복이 바로 세상의 구원이다. 예수님께서 이 세상에 다시 오셔서 아담의 주권을 회복하게 되면, 다시 말해 이 세상을 구원하게 되면 비로소 낙원에서 생명나무로 가는 길이 열려 생명나무의 생명과를 따먹음으로써 그도 생명나무가 되어 천국에 갈 수 있는 것이다. 아담과 화와가 타락한 이후 하나님께서 화염검으로 생명나무로 가는 길을 막으신(창3:24) 이유가 아담과 하와가 천국에 갈 수 있는 주권을 천사장 루시퍼에게 빼앗겼기 때문이다. 생명나무는 하나님이시고 첫 열매는 예수님이시다. 생명나무로 나아가 생명나무의 열매를 따먹고 생명나무가 된다는 것은 영적 성장을 통해 예수님을 알고 하나님을 알아 하나님과 합일을 이루어 하나님과 일체를 이루는 것을 말한다. 대부분의 사람들이 낙원에도 가지 못해 계속해서 지상에 윤희와 환생을 하고 있다. 낙원에 가는 길은 지상에서의 삶을 통해 점점 영적 성장으로 깨달음을 얻어 싯다르타처럼 낙원에 가는 길과 이천 년 이전 예수님께서 십자가에 매달려 있을 때 우측에 매달려 있던 강도처럼 믿음을 통해 구원을 받는 길

등 두 가지 방법이 있는데 믿음을 통해 구원을 받는 경우는 극히 드물다. 믿음을 통해 구원을 받는 경우는 대학의 입학으로 비유하면 특례입학과도 같다. 믿음 통해 낙원에 간다는 것은 낙타가 바늘구멍을 통과하는 것보다도 어렵다. 왜냐하면 거의 모든 세상의 사람들은 세상의 것에만 관심이 있기 때문이고 기독교인들은 천국에 가기 위한 욕심으로 교회에만 열심히 다니기 때문이다. 예수님 오른쪽에 있던 강도처럼 자기의 죄를 알지 못한다. 자기 죄를 안다면 낙원이나 천국에 가려 하지 않을 것이다. 낙원이나 천국에 가고 싶어한다는 자체만으로도 그는 낙원과 천국에 갈 수 있는 자격이 없다. 천국에 가기 위해 하나님께 조건을 세우는(맞추는) 이는 자기 자신이 회칠한 무덤이 되어 가는 것을 모른다. 자기의 모든 것을 내려놓지 않으면 하나님도 예수님도 알 수가 없다.

18. 또 네가 본 그 여자는 땅의 왕들을 다스리는 큰 성이라 하더라

여자는 한반도 조선을 가리킨다.

요한계시록

제18장

바벨론의 패망

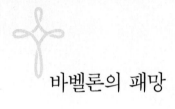

바벨론의 패망

1. 이 일 후에 다른 천사가 하늘에서 내려오는 것을 보니 큰 권세를 가졌는데 그의 영광으로 땅이 환하여지더라

　　이 일 후란 북한이 망해 통일이 된 후를 말하는데 통일은 2023-2026년에 될 것으로 예상된다.

2. 힘찬 음성으로 외쳐 이르되 무너졌도다 무너졌도다 큰 성 바벨론이여 귀신의 처소와 각종 더러운 영이 모이는 곳과 각종 더럽고 가증한 새들이 모이는 곳이 되었도다

　　바벨론이란 특정한 지역이나 나라를 이르는 말이 아니고 사탄이 침투해 잘못된 믿음이나 사상을 가르치는 교회들과 회당들을 말하고, 새들이란 세상 소식을 전하는 크고 작은 신문사 방송사 등 각종 언론사를 뜻하므로, 귀신의 처소와 각종 더러운 영

이 모이는 곳과 각종 더럽고 가증한 새들이 모이는 곳이 되었다는 것은 사탄이 침투한 교회들과 회당들이 귀신의 처소와 각종 더러운 영이 모이는 곳이 되었고 잘못된 가르침을 전하는 목자들과 그 가르침을 받는 신도들의 소식을 포장해서 전하는 가증한 소식지들의 집합소가 되었다는 말씀이다.

3. 그 음행의 진노의 포도주로 말미암아 만국이 무너졌으며 또 땅의 왕들이 그와 더불어 음행하였으며 땅의 상인들도 그 사치의 세력으로 치부 하였도다 하더라

　　땅의 상인들이란? 거짓 선지자나 거짓 목자들이 잘못 해석한 성경교리를 아무것도 모르고 가르치는 목자들을 말하며, 그들도 사치의 세력으로 여겼다는 것은 잘못된 교리인 줄을 모르고 잘못된 믿음을 가르친 목자들도 죄가 없지 않다는 말씀이다.

4. 또 내가 들으니 하늘로부터 다른 음성이 나서 이르되 내 백성아, 거기서 나와 그의 죄에 참여하지 말고 그가 받을 재앙들을 받지 말라

5. 그의 죄는 하늘에 사무쳤으며 하나님은 그의 불의한 일을 기억하신지라

6. 그가 준 그대로 그에게 주고 그의 행위대로 갑절을 갚아 주고 그가 섞은 잔에도 갑절이나 섞어 그에게 주라

그가 준 그대로 그에게 준다는 것은 잘못 배운 믿음 전부를 버리라는 말씀이고, 그의 행위대로 갑절을 갚아 준다는 것은 잘못 배워 잘못된 신앙생활을 속량하기 위해 갑절이나 올바른 신앙생활을 하라는 말씀이며, 그가 섞은 잔에도 갑절이나 섞어 그에게 주라는 말씀은 잘못된 믿음을 가르친 목자에게 그가 잘못 가르친 것의 갑절이나 올바로 가르칠 수 있도록 하라는 말씀이다.

7. 그가 얼마나 자기를 영화롭게 하였으며 사치하였든지 그만큼 고통과 애통함으로 갚아 주라 그가 마음에 말하기를 나는 여왕으로 앉은 자요 과부가 아니라 결단코 애통함을 당하지 아니하리라 하니

그가 얼마나 자기를 영화롭게 하였으며 사치하였든지 그만큼 고통과 애통함으로 갚아 주라는 것은 잘못된 믿음을 가르친 목자들이 얼마나 자기 지위를 높여 놓았는지 높여 놓은 만큼 고통과 애통함을 당한다는 말씀이고, 그가 마음에 말하기를 나는 여왕으로 앉은 자요 과부가 아니라 결단코 애통함을 당하지 아니하리라 한다는 것은 목자들이 목자 직분의 지위를 왕인 예수님의 신부인 여왕으로 올려놓고 나는 혼자가 아니고 예수님과 함께 있어 천국에 가지 못해 애통해하지 않는다고 말을 한다는 말씀이다.

8. 그러므로 하루 동안에 그 재앙들이 이르리니 곧 사망과 애통함과 흉년이라 그가 또한 불에 살라지리니 그를 심판하시는 주 하나님은 강하신 자이심이라

사망은 영적 사망을 말하고 애통함은 영적인 사망을 당하게 되므로 애통해 한다는 것이며, 흉년이라는 것은 목자들의 거짓 가르침에 따른 잘못된 믿음으로 영적인 결실이 없다는 말씀이다. 불로 살라진다는 것은 하나님의 말씀 심판을 받는다는 말씀이다.

※ **영적 사망이란?**

그가 이룩한 영적인 차원이 한 단계 이상 차원이 떨어지는 것을 말한다.

9. 그와 함께 음행하고 사치하던 땅의 왕들이 그가 불타는 연기를 보고 위하여 울고 가슴을 치며

잘못된 목자들과 함께 하나님께 반하는 사상이나 잘못된 신앙에 물이 든 세상의 왕들이, 잘못된 교회와 회당들이 하나님의 심판을 받는 것을 보고 자기들에게 미칠 심판 때문에 울고 가슴을 친다는 말씀이다.

10. 그의 고통을 무서워하여 멀리 서서 이르되 화 있도다 화 있도다 큰 성, 견고한 성 바벨론이여 한 시간에 네 심판이 이르렀다 하리로다

올바로 신도들을 이끌지 못한 잘못된 종교들의 교회들과 회당들이 일순간에 무너진다는 말씀이다.

11. 땅의 상인들이 그를 위하여 울고 애통하는 것은 다시 그들의 상품을 사는 자가 없음이라

　　땅의 상인들이란 거짓 선지자나 거짓 목자들에게서 나온 잘못 해석한 성경교리를 아무것도 모르고 가르치는 목자들을 말하는데, 그들의 상품을 사는 자가 없다는 것은 올바로 하나님의 말씀을 전하지 못했기 때문에 그들의 설교를 들을 사람들이 없다는 말씀이다.

12. 그 상품은 금과 은과 보석과 진주와 세마포와 자주 옷감과 비단과 붉은 옷감이요 각종 향목과 각종 상아 그릇이요 값진 나무와 구리와 철과 대리석으로 만든 각종 그릇이요

　　금과 은과 보석과 진주는 하나님과 성신과 예수님을 믿으면 천국에 간다는 말이고 세마포와 자주 옷감과 비단과 붉은 옷감은 주일을 지키고 십일조. 주일헌금, 감사헌금을 내야 하며 각종 향목과 각종 상아 그릇은 기도와 안수요, 값진 나무와 구리와 철과 대리석으로 만든 각종 그릇은 교회 청소, 교회 차량 운행, 식당 봉사 등 각종 교회에서의 봉사를 말한다.

13. 계피와 향료와 향과 향유와 유향과 포도주와 감람유와 고운 밀가루와 밀이요 소와 양과 말과 수레와 종들과 사람의 영혼들이라

　　교회(회당)에서 각종 설교와 의례로 미혹을 당한 신도들과 영혼들을 이르는 말씀이다.

14. 바벨론아 네 영혼이 탐하던 과일이 네게서 떠났으며 맛있는 것들과 빛난 것들이 다 없어졌으니 사람들이 결코 이것들을 다시 보지 못하리로다

　　영혼이 탐하던 과일이란 생명나무의 열매, 즉 생명과를 말하고, 생명과가 떠나갔다는 것은 생명과의 첫 열매인 예수님을 지칭함이니, 예수님이 바벨론, 즉 잘못된 종교들의 교회들과 회당들에게서 떠나가셨다는 말씀이다.

15. 바벨론으로 말미암아 치부한 이 상품의 상인들이 그의 고통을 무서워하여 멀리 서서 울고 애통하여

　　잘못된 종교들의 교회들과 회당들의 목자들이 교회와 회당들에 다니던 신도들이 떠나감으로써 앞으로 살길이 막막해 울고 슬퍼한다는 말씀이다.

16. 이르되 화 있도다 화 있도다 큰 성이여 세마포 옷과 자주 옷과 붉은 옷을 입고 금과 보석과 진주로 꾸민 것인데

　　잘못된 종교들의 교회들과 회당들이 자칭 옳은 행실과 고귀한 신의 대리자와 신앙과 사상으로 치장하였다는 말씀이다.

17. 그러한 부가 한 시간에 망하였도다 모든 선장과 각처를 다니는 선객들과 선원들과 바다에서 일하는 자들이 멀리 서서

　　선장은 목자를 선원들은 전도사들을 선객들은 교인들을 말하고, 바다는 무신론을 뜻하므로 바다에는 일하는 자들은 무신론자들을 말한다.

18. 그가 불타는 연기를 보고 외쳐 이르되 이 큰 성과 같은 성이 어디 있느냐 하며

　　교회들과 회당들이 무너지는 것을 보고 이들 교회와 회당 같은 큰 교회들과 회당들이 어디에 있는냐 하며

19. 티끌을 자기 머리에 뿌리고 울며 애통하여 외쳐 이르되 화 있도다 화 있도다 이 큰 성이여 바다에서 배 부리는 모든 자들이 너의 보배로운 상품으로 치부하였더니 한 시간에 망하였도다

　　티끌은 쭉정이를 말하고, 배 부리는 자는 교회와 회당들을 이

끄는 목자들을 말하며, 보배로운 상품은 믿음과 진리의 말씀을 뜻하므로, 교회와 회당에서 알맹이들이 모두 빠져 나가고 아직도 깨닫지 못한 몇몇 신도들만 남아 있어 목자들이 한탄을 한다는 말씀이다.

20. 하늘과 성도들과 사도들과 선지자들아, 그로 말미암아 즐거워하라 하나님이 너희를 위하여 그에게 심판을 행하셨음이라 하더라

21. 이에 한 힘 센 천사가 큰 맷돌 같은 돌을 들어 바다에 던져 이르되 큰 성 바벨론이 이같이 비참하게 던져져 결코 다시 보이지 아니하리로다

    맷돌은 곡식을 가는 기구로 여기에서의 맷돌은 말씀으로 사람들을 교화시키는 교회와 회당을 상징해 잘못된 교회들과 회당들이 없어진다는 말씀이다.

22. 또 거문고 타는 자와 풍류하는 자와 퉁소 부는 자와 나팔 부는 자들의 소리가 결코 다시 네 안에서 들리지 아니하고 어떠한 세공업자든지 결코 다시 네 안에서 보이지 아니하고 또 맷돌 소리가 결코 다시 네 안에서 들리지 아니하고

교회(회당)의 안에서 음악소리가 들리지 않고 교회(회당)의 안에서 꽃다발을 만드는 일 크리스마스트리를 만드는 일 등등 모든 일이 보이지 않으며, 예배 보는 소리 등이 결코 들리지 않는다는 말씀이다.

23. 등불 빛이 결코 다시 네 안에서 비치지 아니하고 신랑과 신부의 음성이 결코 다시 네 안에서 들리지 아니하리로다 너의 상인들은 땅의 왕족들이라 네 복술로 말미암아 만국이 미혹되었도다

등불 빛이 결코 다시 네 안에서 비치지 아니한다는 것은 잘못된 종교들의 교회들과 회당들에서 다시는 진리인 하나님 말씀의 가르침이 없다는 말씀이고, 신랑과 신부의 음성이 결코 다시 네 안에서 들리지 아니한다는 것은 잘못된 종교들의 교회들과 회당들에서 결혼식을 하는 일이 없어졌다는 말씀이다. 상인들이 땅의 왕족들이라고 한 것은 일반목자들이 사탄마귀로(땅의 왕)부터 권세를 받아 가짜 선지자가 되거나 그들로부터 나온 잘못된 신학을 배워 일반목자가 되기 때문에 상인들로 표현된 일반목자들을 땅의 왕족들이라고 표현한 것이고, 그들로 인해 만국이 미혹되었다는 말씀이다.

24. 선지자들과 성도들과 및 땅 위에서 죽임을 당한 모든 자의 피가 그 성 중에서 발견되었느니라 하더라

잘못된 종교들의 교회들과 회당들이 선지자들을 박해하고 신실한 성도들을 엉뚱한 길로 인도하여 영적인 죽음으로 몰고 갔다는 말씀이다.

어린 양의 혼인 잔치

어린 양의 혼인 잔치

1. 이 일 후에 내가 들으니 하늘에 허다한 무리의 큰 음성 같은 것
   이 있어 이르되 할렐루야 구원과 영광과 능력이 우리 하나님께
   있도다

2. 그의 심판은 참되고 의로운지라 음행으로 땅을 더럽게 한 큰
   음녀를 심판하사 자기 종들의 피를 그 음녀의 손에 갚으셨도
   다 하고

   음행은 하나님께 반하는 사상이나 잘못된 신앙에 물이 든 것
   을 말하고, 여기서의 음녀는 잘못된 신앙에 물든 교회들과 잘못
   된 사상에 물든 회당들을 말하므로, 음행으로 땅을 더럽게 한
   큰 음녀를 심판하사 자기 종들의 피를 그 음녀의 손에 갚으셨다
   는 것은 잘못된 신앙에 물든 교회들과 잘못된 사상에 물든 회당
   들을 심판하여 그 심판받은 교회들과 회당들에게 의로운 이들의

옳은 행실들을 귀감이 되게 하신다는 말씀이다.

3. 두 번째로 할렐루야 하니 그 연기가 세세토록 올라가더라

    하나님을 찬양할수록 하나님 사랑의 기록들이 세세토록 남아

  있다는 말씀이다.

4. 또 이십사 장로와 네 생물이 엎드려 보좌에 앉으신 하나님께

  경배하여 이르되 아멘 할렐루야 하니

5. 보좌에서 음성이 나서 이르시되 하나님의 종들 곧 그를 경외하

  는 너희들아 작은 자나 큰 자나 다 우리 하나님께 찬송하라

  하더라

6. 또 내가 들으니 허다한 무리의 음성과도 같고 많은 물 소리와

  도 같고 큰 우렛소리와도 같은 소리로 이르되 할렐루야 주 우

  리 하나님 곧 전능하신 이가 통치하시도다

7. 우리가 즐거워하고 크게 기뻐하며 그에게 영광을 돌리세 어린

양의 혼인 기약이 이르렀고 그의 아내가 자신을 준비하였으므로

예수님의 혼인잔치라는 것은 육천 년 이전 아담과 하와가 에덴동산에서 천사장 루시퍼에게 빼앗겼던 생명나무로 갈 수 있는 주권을 다시 되찾음으로써 생명나무이신 하나님과 일체를 이루고 계신 예수님께로 나아갈 수 있는 길이 열린 날을 일컫는 말씀이다.

8. 그에게 빛나고 깨끗한 세마포 옷을 입도록 허락하셨으니 이 세마포 옷은 성도들의 옳은 행실이로다 하더라

9. 천사가 내게 말하기를 기록하라 어린 양의 혼인 잔치에 청함을 받은 자들은 복이 있도다 하고 또 내게 말하되 이것은 하나님의 참되신 말씀이라 하기로

10. 내가 그 발 앞에 엎드려 경배하려 하니 그가 나에게 말하기를 나는 너와 및 예수의 증언을 받은 네 형제들과 같이 된 종이니 삼가 그리하지 말고 오직 하나님께 경배하라 예수의 증언은 예언의 영이라 하더라

요한이 천사에게 엎드려 경배하려 하였으나 천사가 이를 못하게 한 이유는 천사와 요한이 같은 라벨의 낙원 급의 영들이기 때문이고, 어린양 혼인 잔치에 청함을 받은 형제들도 낙원 급에 속

한 이들이므로 다 같이 하나님께 경배를 하자는 말씀이다. 예수의 증언은 예언의 영이라는 것은 예수님께서 하시는 말씀은 앞으로 일어날 일에 대해 말씀하신다는 것이다.

11. 또 내가 하늘이 열린 것을 보니 보라 백마와 그것을 탄자가 있으니 그 이름은 충신과 진실이라 그가 공의로 심판하며 싸우더라

　　백마는 복음을 백마를 탄자는 재림주님을 말하는데, 그 이름이 충신과 진실이라는 것은 재림주의 행실이 하나님께 충성되고 진실하시다는 말씀이다.

12. 그 눈은 불꽃 같고 그 머리에는 많은 관들이 있고 또 이름 쓴 것 하나가 있으니 자기밖에 아는 자가 없고

　　머리에 많은 관들이 있다는 것은 재림주님께서 그리스도, 구세주, 임마누엘, 하나님의 아들 등등으로 불리는 것을 말하고, 또 이름 쓴 것이 하나가 있다는 것은 재림의 때에 불리는 이름이 있는데, 본인 이외에는 아무도 그 이름을 아는 자가 없다는 말씀이다.

13. 또 그가 피 뿌린 옷을 입었는데 그 이름은 하나님의 말씀이라 칭하더라

재림주님께서 이 땅에 오셔서 전하는 소식은 하나님의 말씀이라는 말씀이다.

14. 하늘에 있는 군대들이 희고 깨끗한 세마포 옷을 입고 백마를 타고 그를 따르더라

   하늘군대는 천사들을 말하고, 깨끗한 세마포는 옳은 행실이며 백마는 복음을 말해 천사들이 옳은 행실과 하나님의 말씀을 가지고 재림주님을 따른다는 말씀이다.

15. 그의 입에서 예리한 검이 나오니 그것으로 만국을 치겠고 친히 그들을 철장으로 다스리며 또 친히 하나님 곧 전능하신 이의 맹렬한 진노의 포도주 틀을 밟겠고

   그의 입에서 예리한 검이 나오니 그것으로 만국을 친다는 것은 재림주님이 진리인 하나님의 말씀을 이 세상에 전한다는 말씀이고, 친히 그들을 철장으로 다스리며 또 친히 하나님 곧 전능하신 이의 맹렬한 진노의 포도주 틀을 밟는다는 것은 하나님의 말씀(철장)으로 세상을 다스리고 하나님의 큰 심판을 받게 만드는 잘못된 신앙의 틀을 직접 없앤다는 말씀이다.

16. 그 옷과 그 다리에 이름을 쓴 것이 있으니 만왕의 왕이요 만주의 주라 하였더라

옷은 행실을 말하고 다리는 활동을 말해 재림주님의 행실과 활동이 만왕의 왕과 만주의 주와 같다는 말씀이다.

17. 또 내가 보니 한 천사가 태양 안에 서서 공중에 나는 모든 새를 향하여 큰 음성으로 외쳐 이르되 와서 하나님의 큰 잔치에 모여

    한 천사가 태양 안에 서 있다는 것은 하나님의 말씀 안에 서 있다는 것으로 하나님의 말씀을 전달한다는 뜻이고, 새는 세상 소식을 전하는 신문, 방송사 등 각종 언론사를 말하므로 공중에 나는 모든 새를 향해 큰 음성으로 외쳐 알린다는 것은 언론사를 통해 이 세상에 큰 소식이 있음을 알린다는 말씀이다.

18. 왕들의 살과 장군들의 살과 장사들의 살과 말들과 그것을 탄 자들의 살과 자유인들이나 종들이나 작은 자나 큰 자나 모든 자의 살을 먹으라 하더라

    살은 그 사람의 주장과 의견 그리고 견해 등을 뜻하므로, 모든 자의 살을 먹는다는 것은 모든 세상 사람들의 주장과 의견과 견해들을 잠재운다는 말씀이다.

19. 또 내가 보매 그 짐승과 땅의 임금들과 그들의 군대들이 모여 그 말 탄 자와 그의 군대와 더불어 전쟁을 일으키다가

20. 짐승이 잡히고 그 앞에서 표적을 행하던 거짓 선지자도 함께 잡혔으니 이는 짐승의 표를 받고 그의 우상에게 경배하던 자들을 표적으로 미혹하던 자라 이 둘이 산 채로 유황불 붙는 못에 던져지고

　모든 짐승은 사탄에 의해 나타나는 사상과 신앙 그리고 그에 따르는 무리들과 회당들과 그 수장들을 지칭하므로 짐승은 활동하는 사탄을 말하고 이는 짐승의 표를 받고 그의 우상에게 경배하던 자들을 표적으로 미혹하던 자라고 하여 사탄과 거짓 선지자가 짐승의 표인 신앙의 직분을 만들어 신앙인들을 미혹하였음으로 이들을 잡아 하나님의 말씀으로 심판을 받게 한다는 말씀이다.

21. 그 나머지는 말 탄 자의 입으로부터 나오는 검에 죽으매 모든 새가 그들의 살로 배불리더라

　말 탄자는 재림주님을 지칭하고 입에서 나오는 검은 하나님의 말씀을 뜻하므로, 모든 새가 그들의 살로 배불리더라는 말씀은 믿음에 대한 신앙인들의 주장과 의견과 이론들이 재림주님으로부터 나오는 하나님의 말씀에 비추어 볼 때 잘못된 주장들과 이론들이라는 기사거리가 넘쳐 난다는 말씀이다.

천년왕국

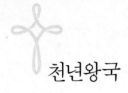

천년왕국

1. 또 내가 보매 천사가 무저갱의 열쇠와 큰 쇠사슬을 그의 손에
   가지고 하늘로부터 내려와서

2. 용을 잡으니 곧 옛 뱀이요 마귀요 사탄이라 잡아서 천 년 동안
   결박하여

   용인 옛 뱀이란 에덴동산에서 죄를 짓고 타락해 사탄이 된 천
   사장 루시퍼를 말한다.

3. 무저갱에 던져 넣어 잠그고 그 위에 인봉하여 천 년이 차도록
   다시는 만국을 미혹하지 못하게 하였는데 그 후에는 반드시
   잠깐 놓이리라

   만국이란 지구의 모든 나라만을 뜻하는 것이 아니고 대우주

인간들이 살고 있는 모든 세상을 말한다. 사탄 루시퍼를 무저갱에 가두어 만국을 미혹하지 못하게 하였는데 천 년 후에 잠깐 동안 놓아주는 이유는 사탄마귀가 세상을 미혹할 때의 세상 사람들과 사탄마귀가 없을 때의 세상 사람들이 어떠한 차이를 보이는가를 보기 위함이고 천 년 동안 세상 사람들에게 사탄의 미혹이 없는 곳에서의 영적 성장의 기회를 주기 위함이며, 천 년 후 만국인(우주인)들이 사탄 루시퍼의 미혹에 어느 정도 미혹을 당하는지를 알아보기 위함이다.

4. 또 내가 보좌들을 보니 거기에 앉은 자들이 있어 심판하는 권세를 받았더라 또 내가 보니 예수를 증언함과 하나님의 말씀 때문에 목 베임을 당한 자들의 영혼들과 또 짐승과 그의 우상에게 경배하지 아니하고 그들의 이마와 손에 그의 표를 받지 아니한 자들이 살아서 그리스도와 더불어 천 년 동안 왕 노릇 하니

5. (그 나머지 죽은 자들은 그 천 년이 차기까지 살지 못하더라) 이는 첫째 부활이라

부활이란 원래 상태대로 복귀한다는 뜻으로, 산자가 죽었다가 다시 산자가 되면 부활이라고 한다. 또 폐지했던 것이 다시 폐지 이전의 상태로 되돌아 온 것을 부활이라 한다. 계시록에서 말씀하고 있는 첫째 부활이란, 육체적으로 죽은 자가 살아나는 것이

아니고 아담과 하와가 죄를 짓고 타락하여 폐쇄된(창3:24) 에덴동산을 원래대로 복원하는 것을 말한다. 에덴동산을 복원하여 천국에 갈 수 있는 길을 다시 열어 낙원 급의 영들이 에덴동산에서 살 수 있는 기회를 부여하는 것이 계시록에서는 말하는 첫째 부활인 것이다. 이 첫째 부활에 참여할 수 있는 이들은 인성을 버리고 신성을 가진 이들로 이미 낙원에 가 있어 환생이 끝난 이들과 현 세상에서 인성을 버리고 신성이 되어 있는 14만 4천 명에 속해 있는 이들이다. 에덴동산에서 아담과 하와가 영적으로 더욱 성숙해 하나님과 합일을 이루어 생명나무가 되었더라면 천국에 갈 수 있는 길이 열려 있었겠지만 죄를 짓고 타락함으로써 천국으로 갈 수 있는 길이 막혀 버렸던 것이다. 예수님께서 재림하시는 목적은 아담과 하와가 못 이룬 꿈을 이룰 수 있게 아담과 하와의 주권을 되찾아 낙원에 있는 이들과 세상에서 신성이 되어 있는 이들에게 천국으로 갈 수 있는 길을 마련해 주는 것이다. 천지창조 이후로 창조된 인간들 중에 낙원에 간 이들은 있으나 아직까지 천국에 간 사람이 없다. 낙원의 다음 단계가 천국인데 일반천사들도 낙원 급에 지나지 않는다. 우주에는 지구를 포함해 수많은 행성들에서 인간들이 살고 있고 이들의 가는 길은 영적인 이해와 수련을 통해 영적인 성장을 하여 인성이 신성이 되어 싯다르타처럼 낙원에 가는 것이다. 그런데 천국으로 가는 길이 없어 하나님께서 천국으로 갈 수 있는 길을 만드신 것이 육천 년 이전의 낙원인 에덴동산이었다. 벼 알곡이 벼 알곡으로 있으면 늙지 않고 수백 년 또는 수천 년을 그대로 있듯이 영혼도 마찬가지다. 영혼이 육체를 입고 태어나야 자라고 결실을 맺는다. 벼가 논에 심어져 싹이 터 모가 되고 자라서 한 알의 벼가 수백 수천의 열매로 수확을 하듯이 영혼도 육체를 입은 삶을 통해 영적인 성장을 할 수가 있다. 영으로의 삶에서는 영적인 성장이 너무 더디고 한계가 있다. 첫째 부활(에덴동산이 복원된 낙원)에 참여하지 못하는 사람들은 또 다시 계속하여 윤회와 환생을 하게 되고 그 환생된 삶을 통해 영적인 성장을 하여 후일 낙원에 가게 되면 낙원의 에덴동산에 천국으로 갈 수 있는 길이 열려 있어 천국에 갈 수 있는 기회를 맞게 된다.

낙원에서 천사들과 같은 영적인 삶과 낙원인 에덴동산에서 아담과 화와의 삶과는 무엇이 다른가를 알아보면, 위에서 벼 알곡에 대해 이야기했듯이 영적인 삶은 영원하지만 더 높은 영적인 성장의 진화로는 한계가 있어 그 한계를 뛰어 넘게 하기 위해 하나님께서 낙원에 창설하신 것이 에덴동산이었다. 에덴동산에서 아담과 하와의 몸은 영체에서 변형된 몸으로 지상에서의 육체(3차원)도 아니고 영체도 아닌 5차원의 몸체로, 이 몸체에서는 육체를 입고 있는 지상의 사람들처럼 영적 성장을 빨리 할 수 있는 몸체였던 것이다. 물론 지상의 사람들이 그가 어떤 길을 선택하느냐에 따라 영적 성장을 할 수도 있고 퇴보를 할 수도 있듯이, 에덴동산에서의 삶도 성장과 퇴보를 할 수 있는 길이 모두 열려 있었던 것이다. 우주의 법칙은 하나님의 법칙으로, 앞이 있으면 뒤도 있고 앞으로의 폭이 넓으면 뒤로의 폭도 그만큼 넓다.

천사장 루시퍼가 자기 자리를 이탈하여 사탄이 되었던 원리적인 배경을 설명하면 하나님께서 수백억 년 전에 천지를 창조하시고 수억 년 전에 인간들을 창조하셨는데 이때 창조한 인간들은 영적인 인간들로, 지상에서 육체를 입고 나타나기 이전이었다. 그 이후 하나님께서 대우주의 수많은 행성들에 인간들의 육체들을 각종 그 종류대로 만드시고 그 몸체들에게 이미 영으로 창조한 영혼들을 일부 불어 넣으시니 그 육체들이 생령이 되어 지상에서의 삶이 시작되었다. 이들을 통해 영으로 창조된 수많은 영혼들이 육체를 입고 지상에서 태어났다. 지상에서의 삶은 태어나서 성장하고 늙고 그리고 죽고 또 다시 태어나서 성장하고 늙고 죽기를 반복하는 삶이었다. 이들 인간에게 주어진 삶의 목적은 지상에서 육체를 입은 삶 속에서 인간들 각자 스스로 영적인 이해를 통한 영적인 성장이었다. 지상에서의 삶을 통하여 영적인 성장을 완성한 이들은 다음 단계인 낙원(5차원-7차원)으로 가게 되고 지상으로의 환생은 끝이 나게 된다. 세월이 많이 흐르다 보니 지상에서의 삶을 통해 사람들이 영적인 성장을 완성해 낙원으로 진출하는 이들이 많아졌으나, 낙원에서의 영의 삶에서는 낙원의 다음 단계인 8차원(천국) 이상으로의 진화가 불가능하여 지금으로부터 약 육천 년 이전에 하나님께서 낙원에 에덴동산을 창설하시어 낙원의 다음 단계인 천국(8차원 이상)으로 갈 수 있는 길을 만드셨다. 낙원에 있는 영들은 하나님의 천지창조 이전부터 있던 천사들과 지상에서 육체를 입은 삶을 통해 영적인 성장을 완성해 낙원으로 온 인간들로 모두 영의 존재들이므로 육체적으로 성장하고 늙지 않는 존재들이다. 영의 삶을 통해서 5차원에서 7차원의 존재로는 성장을 할 수 있었으나 그 이상으로는 진화가 불가능하여 하나님께서 변형된 육체가 살 수 있는 차원이 다른 지상인 에덴동산을 창설하시고 낙원에서 영으로 있던 남자인 아담과 여자인 화와를 선택하시어 그들을 지상에서의 육체와는 다른 변형된 육체로 에덴동산에서 살게 하시었다. 그들의 삶의 목적은 한 단계 더 높은 영적성장을 하여 하나님과 일체를 이루어 천국으로 가는 것이었고, 낙원에 있는 영들을 자녀로 낳아 그들도 에덴동산에서의 삶을 통해 천국에 갈 수 있는 기회를 주는 것이었다. 일반 천사들도 낙원 급의 영들로, 각자 그가 이룬 영적 성장에 따라 어떤 영들은 더 차원(지위)이 높고 어떤 영들은 차원(지위)이 낮은데, 낙원에서의 차원은 5차원에서 7차원적 존재들로 이루어져 있다. 7차원적 존재들로는 가브리엘 천사장과 미가엘 천사장 그리고 타락해 사탄이 된 루시퍼(루시엘) 천사장 등이 성경에서 거론된 7차원적 존재들이다.

아담과 하와는 6차원적 존재들이었고 몸체는 5차원의 몸체를 가지고 있어 공간이동이 가능하였고 그들이 낙원에서의 삶을 통해 자유의지에 따른 영적 성장을 이루어 더 높은 7차원적 존재가 되었을 때 그들에게서 7차원적 영들이 자녀로 태어나 낙원에서의 삶을 통해 8차원적 존재로 진화를 함으로써 천국(8차원 이상)에 갈 수 있는 길을 마련한 것이 하나님의 뜻이었다.

이와 같이 하나님께서 에덴동산을 창설하시고 그곳에 아담과 하와를 살게 하시고 그들에게 천국으로 갈 수 있는 길을 트는 사명을 주셨던 것이다. 이렇게 아담과 하와가 하나님의 특별한 사명을 받아 하나님으로부터 특별한 관심과 사랑을 받다 보니 낙원에서 아담과 하와보다 지위가 더 높았던 루시퍼에게 질투심이 생기게 되었다

하나님의 법칙은 공평하여 그가 이룬 만큼 지위도 주시고 사랑도 주신다. 그러므로 모든 존재가 정도의 차이만 있을 뿐이지 하나님과 일체를 이루고 있다. 루시퍼도 그가 하나님으로부터 받은 지위처럼 하나님으로부터 사랑을 많이 받는 천사 중 한 명이었다. 하나님께서 루시퍼에 대한 사랑이 변한 것이 아니었지만, 루시퍼보다 아래 단계의 영인 아담과 화와가 하나님으로부터 천국으로 갈 수 있는 길을 트는 사명을 받고 하나님의 특별한 관심과 사랑을 받다 보니 천사장 루시퍼가 상대적으로 하나님의 사랑에 대한 소외감을 느꼈고 질투심이 생기게 되었다. 루시퍼는 자유의지와 책임 역할에 따른 우주의 법칙(하나님 법칙) 때문에 7차원 존재들이 아닌 6차원적인 존재들인 아담과 하와를 선택할 수밖에 없었던 하나님의 뜻을 미처 파악하지 못하고 하나님의 사랑에 대한 소외감을 채우고자 자기 자리를 이탈하여 아담과 하와의 사랑을 유린하게 된 것이다.

• 하늘나라는 낙원과 천국을 통합해 이르는 말이다. 왕정시대에 왕궁과 내성内城과 외성外城이 있듯이 하늘나라도 차원에 따른 구분이 있음이다.

6. 이 첫째 부활에 참여하는 자들은 복이 있고 거룩하도다 둘째 사망이 그들을 다스리는 권세가 없고 도리어 그들이 하나님과 그리스도의 제사장이 되어 천 년 동안 그리스도와 더불어 왕 노릇 하리라

　둘째 사망은 영적인 사망을 뜻하므로, 둘째 사망이 없다는 것은 낙원과 에덴동산에서 죄를 짓고 다시 타락을 할 일이 없다는 말씀이고, 하나님과 그리스도의 제사장이 되어 천 년 동안 그리스도와 더불어 왕 노릇 한다는 것은 지상에서 천 년 동안 계속하여 환생 중인 사람들의 선망의 대상이 된다는 말씀이다.

7. 천년이 차매 사탄이 그 옥에서 놓여

8. 나와서 땅의 사방 백성 곧 곡과 마곡을 미혹하고 모아 싸움을 붙이리니 그 수가 바다 모래 같으리라

　곡과 마곡은 지구의 어느 나라와 백성을 이르는 말이 아니고 우주인들을 이르는 말로 곡과 마곡은 각각의 성단을 뜻하므로, 곡과 마곡을 미혹하고 모아 싸움을 붙이리니 그 수가 바다 모래 같다는 것은 사탄에 의해 미혹된 두 성단의 우주인들이 지구를 침략하는데 그 수가 바다 모래알처럼 많다는 말씀이다.

9. 그들이 지면에 널리 퍼져 성도들의 진과 사랑하시는 성을 두르매 하늘에서 불이 내려와 그들을 태워버리고

하늘에서 내려오는 불은 죄악으로 들끓던 소돔과 고모라를 불태운 불로 사탄에게 미혹이 되어 지구를 침략한 우주인들을 불사른다는 말씀이다.

10. 또 그들을 미혹하는 마귀가 불과 유황 못에 던져지니 거기는 그 짐승과 거짓 선지자도 있어 세세토록 밤낮 괴로움을 받으리라

곡과 마곡으로 불린 성단의 우주인들을 미혹한 마귀 사탄과 거짓 선지자가 하나님의 말씀 심판을 받아 세세토록 괴로움을 받아 죄의 대가를 받는다는 말씀이다.

11. 또 내가 크고 흰 보좌와 그 위에 앉으신 이를 보니 땅과 하늘이 그 앞에서 피하여 간 데 없더라

크고 흰 보좌에 앉으신 하나님 앞에 땅과 하늘이 없어졌다는 말씀은 지구가 천년왕국이 지나면 하나님으로부터 특별한 관심을 받던 행성에서 변방의 일반 행성으로 되돌아간다는 말씀이다.

12. 또 내가 보니 죽은 자들이 큰 자나 작은 자나 그 보좌 앞에 서 있는데 책들이 펴 있고 또 다른 책이 펴졌으니 곧 생명책이라

죽은 자들이 자기 행위를 따라 책들에 기록된 대로 심판을 받으니

    죽은 자들이란 낙원에 가지 못한 자들을 말하고 낙원에 가지 못한 모든 자들이 자기의 행위대로 영적인 심판을 받는다는 말씀이다.

13. 바다가 그 가운데에서 죽은 자들을 내주고 또 사망과 음부도 그 가운데에서 죽은 자들을 내주매 각 사람이 자기의 행위대로 심판을 받고

    바다가 그 가운데에서 죽은 자들을 내준다는 것은 무신론자들을 일컫는 말씀이고, 사망과 음부는 마귀와 사탄의 세력들을 일컬어, 무신론으로 인해 영적으로 사망한 자와 마귀와 사탄의 세력들로 인해 영적으로 사망한 자들이 자기의 행위대로 영적인 심판을 받는다는 말씀이다.

14. 사망과 음부도 불못에 던져지니 이것은 둘째 사망 곧 불못이라

    둘째 사망 곧 불못이라는 것은 하나님께서 행하시는 영에 대한 심판을 말하는데, 사망과 음부도 불못에 던진다는 것은 마귀와 사탄의 세력들이 영적인 심판을 받는다는 말씀이다.

15. 누구든지 생명책에 기록되지 못한 자는 불못에 던져지더라

　　누구든지 생명책에 기록이 되어 낙원에 가지를 못하면 하나님
　　으로부터 영에 대한 심판을 받아 그 행위대로 대가를 받게 된다
　　는 말씀이다.

새 하늘과 새 땅

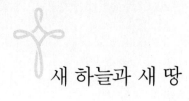

새 하늘과 새 땅

1. 또 내가 새 하늘과 새 땅을 보니 처음 하늘과 처음 땅이 없어
   졌고 바다도 다시 있지 않더라

   새 하늘과 새 땅은 낙원에 있는 에덴동산을 말하고, 처음 하
   늘과 처음 땅은 지구를 이르는 말씀이다. 처음 하늘과 처음 땅
   이 없어졌다는 것은 지구가 없어졌다는 말씀이 아니고 하나님의
   각본의 무대가 지구에서 낙원의 에덴동산으로 이동하였다는 말
   씀이다.

2. 또 내가 보매 거룩한 성 새 예루살렘이 하나님께로부터 하늘
   에서 내려오니 그 준비한 것이 신부가 남편을 위하여 단장한 것
   같더라

   거룩한 성 새 예루살렘은 아름답게 단장이 된 낙원의 에덴동
   산을 말한다.

3. 내가 들으니 보좌에서 큰 음성이 나서 이르되 보라 하나님의 장막이 사람들과 함께 있으매 하나님이 그들과 함께 계시리니 그들은 하나님의 백성이 되고 하나님은 친히 그들과 함께 계셔서

4. 모든 눈물을 그 눈에서 닦아 주시니 다시는 사망이 없고 애통하는 것이나 곡하는 것이나 아픈 것이 다시 있지 아니하리니 처음 것들이 다 지나갔음이러라

   5차원에서 7차원인 낙원과 에덴동산에서의 삶을 말씀하신 것이다.

5. 보좌에 앉으신 이가 이르시되 보라 내가 만물을 새롭게 하노라 하시고 또 이르시되 이 말은 신실하고 참되니 기록하라 하시고

   만물을 새롭게 하신다는 것은 에덴동산을 새롭게 꾸미신다는 말씀이다.

6. 또 내게 말씀하시되 이루었도다 나는 알파와 오메가요 처음과 마지막이라 내가 생명수 샘물을 목마른 자에게 값없이 주리니

   생명수 샘물이란, 성령을 말하고 목마르다는 것은 영적인 갈구를 말한다.

7. 이기는 자는 이것들을 상속으로 받으리라 나는 그의 하나님이
   되고 그는 내 아들이 되리라

   이기는 자라는 것은 인성을 이겨 신성이 된 자를 말하고, 상속
   으로 받는 것은 생명수인 성령을 상속받는다는 말씀이다.

8. 그러나 두려워하는 자들과 믿지 아니하는 자들과 흉악한 자들
   과 살인자들과 음행하는 자들과 점술가들과 우상 숭배자들과
   거짓말하는 모든 자들은 불과 유황으로 타는 못에 던져지리니
   이것이 둘째 사망이라

   둘째 사망은 영적인 사망을 말한다.

9. 일곱 대접을 가지고 마지막 일곱 재앙을 담은 일곱 천사 중 하
   나가 나아와서 내게 말하여 이르되 이리 오라 내가 신부 곧 어
   린 양의 아내를 네게 보이리라 하고

10. 성령으로 나를 데리고 크고 높은 산으로 올라가 하나님께로부
    터 하늘에서 내려오는 거룩한 성 예루살렘을 보이니

    하나님께로부터 하늘에서 내려오는 거룩한 성 예루살렘이라
    는 것은 낙원의 에덴동산을 말한다.

11. 하나님의 영광이 있어 그 성의 빛이 지극히 귀한 보석 같고 벽옥과 수정 같이 맑더라

12. 크고 높은 성곽이 있고 열두 문이 있는데 문에 열두 천사가 있고 그 문들 위에 이름을 썼으니 이스라엘 자손 열두 지파의 이름들이라

　　이스라엘 자손 열두 지파의 이름들이라는 것은 이스라엘 자손 열둘 지파를 이르는 것이 아니고 1년 12달 12수 완전수(모든 수)를 말해 만국(우주)의 모든 족속의 이름을 말한다.

13. 동쪽에 세 문, 북쪽에 세 문, 남쪽에 세 문, 서쪽에 세 문이니

14. 그 성의 성곽에는 열두 기초석이 있고 그 위에는 어린 양의 열두 사도의 열두 이름이 있더라

　　어린 양의 열두 사도의 열두 이름이라는 것은 이천년 이전 예수님의 12제자를 이르는 것이 아니고 진실한 믿음을 통해 낙원에 간 이들을 말한다.

15. 내게 말하는 자가 그 성과 그 문들과 성곽을 측량하려고 금 갈대 자를 가졌더라

16. 그 성은 네모가 반듯하여 길이와 **너비**가 같은지라 그 갈대 자로 그 성을 측량하니 만 이천 스다디온이요 길이와 **너비**와 높이가 같더라

한 스다디온은 약 192미터이고 만 이천 스다디온은 2,304,000미더로 2,304킬로 미더이다.

17. 그 성곽을 측량하매 백사십사 규빗이니 사람의 측량 곧 천사의 **측량이라**

1규빗이 통상적으로 45㎝여서 백사십사 규빗은 6,480㎝로 64.8미터이다. 64.8미터는 성벽의 두께를 이르는 말씀이다. 에덴 동산은 정육면체의 유리온실과 같은 곳으로 중력이 극히 약하게 작용해 64.8미터의 두께로 2,304킬로 미더의 성벽과 천정을 지탱할 수 있다. 유리온실의 크기와 그 온실을 이루는 유리두께를 생각하면 이해가 쉽다.

18. 그 성곽은 벽옥으로 쌓였고 그 성은 정금인데 맑은 유리 같더라

19. 그 성의 성곽의 기초석은 각색 보석으로 꾸몄는데 첫째 기초석
   은 벽옥이요 둘째는 남보석이요 셋째는 옥수요 넷째는 녹보석
   이요

20. 다섯째는 홍마노요 여섯째는 홍보석이요 일곱째는 황옥이요
   여덟째는 녹옥이요 아홉째는 담황옥이요 열째는 비취옥이요
   열한째는 청옥이요 열두째는 자수정이라

21. 그 열두 문은 열두 진주니 각 문마다 한 개의 진주로 되어 있고
   성의 길은 맑은 유리 같은 정금이더라

22. 성 안에서 내가 성전을 보지 못하였으니 이는 주 하나님 곧 전
   능하신 이와 및 어린 양이 그 성전이심이라

23. 그 성은 해나 달의 비침이 쓸 데 없으니 이는 하나님의 영광이
   비치고 어린 양이 그 등불이 되심이라

24. 만국이 그 빛 가운데로 다니고 땅의 왕들이 자기 영광을 가지고 그리로 들어가리라

25. 낮에 성문들을 도무지 닫지 아니하리니 거기에는 밤이 없음이라

26. 사람들이 만국의 영광과 존귀를 가지고 그리로 들어가겠고

27. 무엇이든지 속된 것이나 가증한 일 또는 거짓말하는 자는 결코 그리로 들어가지 못하되 오직 어린 양의 생명책에 기록된 자들만 들어가리라

생명나무와 생명수

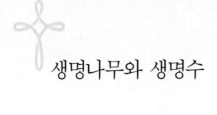

생명나무와 생명수

1. 또 그가 수정 같이 맑은 생명수의 강을 내게 보이니 하나님과 및 어린 양의 보좌로부터 나와서

   수정 같이 맑은 생명수의 강이라는 것은 성령의 강을 뜻하고 성령의 강이 하나님과 어린 양의 보좌로부터 나온다는 말씀이다.

2. 길 가운데로 흐르더라 강 좌우에 생명나무가 있어 열두 가지 열매를 맺되 달마다 그 열매를 맺고 그 나무 잎사귀들은 만국을 치료하기 위하여 있더라

   생명나무는 하나님을 지칭하고 생명나무의 열매인 생명과는 예수님을 지칭하며 생명나무의 잎사귀들은 천국인들을 지칭하여, 강 좌우에 생명나무가 있어 열두 가지 열매를 맺되 달마다 그 열매를 맺는다는 것은 생명과를 따 먹어야 천국에 갈 수 있기 때문에 하나님과 예수님께서 매달 낙원에 있는 이들에게 천국에

갈 수 있는 길을 열어주신다는 말씀이다. 또 생명나무의 잎사귀들이 만국을 치료한다는 것은 천국에 사는 영들이 대우주의 병든 모든 영혼들을 치료한다는 말씀이다. 생명과를 따먹어야 천국에 갈 수 있다는 것은 영적인 성장을 통해 예수님을 알고 하나님을 알아 하나님과 합일을 이루어 하나님과 일체를 이루는 것을 말한다.

3. 다시 저주가 없으며 하나님과 그 어린 양의 보좌가 그 가운데에 있으리니 그의 종들이 그를 섬기며

4. 그의 얼굴을 볼 터이요 그의 이름도 그들의 이마에 있으리라

5. 다시 밤이 없겠고 등불과 햇빛이 쓸 데 없으니 이는 주 하나님이 그들에게 비치심이라 그들이 세세토록 왕 노릇 하리로다

6 또 그가 내게 말하기를 이 말은 신실하고 참된지라 주 곧 선지자들의 영의 하나님이 그의 종들에게 반드시 속히 되어질 일을 보이시려고 그의 천사를 보내셨도다

계시록 1장 1절 "예수 그리스도의 계시라 이는 하나님이 그에

게 주사 반드시 속히 될 일을 그 종들에게 보이시려고 그 천사를 그 종 요한에게 보내어 지시하신 것이라"고 한 말씀의 반복말씀이다.

7. 보라 내가 속히 오리니 이 두루마리의 예언의 말씀을 지키는 자는 복이 있으리라 하더라

　계시록 1장 1절에서 말씀하신 반드시 속히 될 일, 그 일의 핵심인 재림이 속히 이루어진다는 말씀으로 계시록의 비밀이 밝혀진 이후를 말한다.

8. 이것들을 보고 들은 자는 나 요한이니 내가 듣고 볼 때에 이 일을 내게 보이던 천사의 발 앞에 경배하려고 엎드렸더니

9. 그가 내게 말하기를 나는 너와 네 형제 선지자들과 또 이 두루마리의 말을 지키는 자들과 함께 된 종이니 그리하지 말고 하나님께 경배하라 하더라

10. 또 내게 말하되 이 두루마리의 예언의 말씀을 인봉하지 말라 때가 가까우니라

계시록 예언의 말씀이 재림의 때가 되면 밝히 풀어 이 세상에 나온다는 말씀이다.

11. 불의를 행하는 자는 그대로 불의를 행하고 더러운 자는 그대로 더럽고 의로운 자는 그대로 의를 행하고 거룩한 자는 그대로 거룩하게 하라

재림이 임박해 사람들이 가던 길을 변경할 시간적 여유가 별로 없거니와 사람들이 지금 재림이 이루어지고 있음을 모르고 믿지도 않는다는 말씀이다.

12. 보라 내가 속히 오리니 내가 줄 상이 내게 있어 각 사람에게 그가 행한 대로 갚아 주리라

각 사람에게 그가 행한 대로 갚아 주는 것은 우주의 법칙이다.

13. 나는 알파와 오메가요 처음과 마지막이요 시작과 마침이라

14. 자기 두루마기를 빠는 자들은 복이 있으니 이는 그들이 생명나무에 나아가며 문들을 통하여 성에 들어갈 권세를 받으려 함이로다

자기 두루마기라는 것은 자기 행실들을 말하기 때문에 두루마기를 빤다는 것은 자기가 지은 죄의 행실들을 회계를 한다는 말씀이다. 하늘나라는 낙원과 천국을 일컫는데 이곳에서의 성은 에덴동산을 말한다.

15. 개들과 점술가들과 음행하는 자들과 살인자들과 우상 숭배자들과 및 거짓말을 좋아하며 지어내는 자는 다 성 밖에 있으리라

개들이라는 것은 성적 지조가 없는 성적으로 문란한 이들을 말하고 음행하는 자들이란, 이방인의 신(사탄)을 섬기는 것과 하나님께 반하는 사상에 물이 드는 것과 잘못된 믿음을 가르치거나 잘못된 믿음을 믿는 것을 말한다. 또한 세속적인 것에 얽매여 자기 이득을 취하기 위해 모사를 꾸미는 것도 일종의 음행이다. 성경에서 말하는 우상숭배는 시대에 따라 그 형태가 다르게 나타나는 것을 볼 수 있는데 구약시대에서 우상숭배는 조각상을 만들고 그곳에 인위적으로 가치를 부여하고 신봉하는 형태였고 현재의 우상숭배는 세상의 재물을 탐하고 명예와 권력 등 세속적인 직위나 직분 그리고 감투 등에 집착하는 형태를 띤다.

16. 나 예수는 교회들을 위하여 내 사자를 보내어 이것들을 너희에게 증언하게 하였노라 나는 다윗의 뿌리요 자손이니 곧 광명한 새벽 별이라 하시더라

17. 성령과 신부가 말씀하시기를 오라 하시는도다 듣는 자도 오라
할 것이요 목마른 자도 올 것이요 또 원하는 자는 값없이 생명
수를 받으라 하시더라

성령이란, 성부이신 하나님을 중심으로 성신과 성자를 포함
한 영으로부터 나오는 성스러운 기운 속에 편재偏在해 있는 하
나님의 뜻하심인 이상理想을 말하고 이 성스러운 기운 속에 편재
해 있는 하나님의 이상理想인 성령을 전하는 전달자를 성령 보혜
사로 부른다. 하나의 국가는 정책으로 그 나라를 다스리지만 하
늘나라에서는 성스러운 기운 속에 편재해 있는 하나님의 이상理
想인 성령으로 하늘나라를 다스린다. 한 국가에서 국가 정책을
펼 때 그 정책을 공무원들을 통해 시행하는 것처럼 하늘나라를
다스리는 성령은 그 성령을 전달하는 이들이 있고 성령을 전달
하는 이를 보통 성령(보혜사)께서 라고 부르는 것이다. 국가정책을
수행하는 것이 공적인 일이어서 그 정책을 어기는 것을 봐 줄 수
가 없어 법대로 처벌하듯이 하늘나라를 다스리는 성령(하나님의 理
想)도 공적인 일이므로 성령(하나님의 理想)을 거스르는 것은 용서가
안 된다.

신부란? 예수님의 신부라는 것은 육천년 이전 에덴동산에서
아담과 하와와 같이 6차원의 존재가 5차원의 변형된 육체를 가지
고 출현하여 에덴동산에서의 삶을 통해 자유의지에 따른 영적성
장을 이루어 7차원적 존재로 진화하게 되면 그들에게서 7차원적
인 영들이 태어나고 7차원적인 영들이 에덴동산에서의 삶을 통
하여 8차원(천국)적 존재로 진화를 하게 되면 그 8차원적 존재들

을 예수님의 신부라고 부름을 받게 되는 것이다.

18. 내가 이 두루마리의 예언의 말씀을 듣는 모든 사람에게 증언하노니 만일 누구든지 이것들 외에 더하면 하나님이 이 두루마리에 기록된 재앙들을 그에게 더하실 것이요

19. 만일 누구든지 이 두루마리의 예언의 말씀에서 제하여 버리면 하나님이 이 두루마리에 기록된 생명나무와 및 거룩한 성에 참여함을 제하여 버리시리라

   계시록의 말씀을 이해할 수 없다고 생각하여 임의로 내용을 덧붙이거나 삭제를 하지 말라는 말씀이다.

20. 이것들을 증언하신 이가 이르시되 내가 진실로 속히 오리라 하시거늘 아멘 주 예수여 오시옵소서

21. 주 예수의 은혜가 모든 자들에게 있을지어다 아멘

재림주님(예수님)은
언제 다시 오실 것인가?

그 때에 네 민족을 호위하는 큰 군주 미가엘이 일어날 것이요 또 환난이 있으리라 이는 개국 이래로 그 때까지 없던 환난일 것이며 그 때에 네 백성 중 책에 기록된 모든 자가 구원을 받을 것이라" (다니엘 12:01)

예수께서 감람산 위에 앉으셨을 때에 제자들이 조용히 와서 가로되 우리에게 이르소서 어느 때에 이런 일이 있겠사오며 또 주의 임하심과 세상 끝에는 무슨 징조가 있사오리까 (마태복음24:3절)

14절 "이 천국 복음이 모든 민족에게 증거되기 위하여 온 세상에 전파되리니 그제야 끝이 오리라"

15절 "그러므로 너희가 선지자 다니엘의 말한 바 멸망의 가증한 것(사탄,

우상숭배)이 거룩한 곳(하나님의 전, 영도자 자리)에 선 것을 보거든 읽

는 자는 깨달을 찐저"

16절 그 때에 유대에 있는 자들은 산으로 도망할찌어다"

21절 "이는 그때에 큰 환난이 있겠음이라 창세로부터 지금까지 이런 환난

이 없고 후에도 없으리라"

다니엘 12장 1절부터는 다니엘이 재림의 때를 예언한 말로 개국 이

래로 그때까지 없던 큰 환난이 있을 것이라고 말했듯이 예수님께서도

재림 때에 창세로부터 지금까지 이런 환난이 없고 후에도 없는 아주

큰 환난이 있을 것이라 말씀하셨는데, 산으로 도망을 하라는 말씀은

큰 환난 중에서도 가장 큰 환난이 바로 큰 해일이 일어날 것을 암시하

는 말씀이다. 이 해일은 대우주 운행에 따른 지축이 공전하는 각도가

바뀜으로 인하여 지각변동을 일으켜 발생을 하는데 엄청난 화산 폭

발과 슈퍼 태풍 그리고 한 지역이 없어지고 다시 생기는 큰 지진 그에

따르는 대양들에서의 쓰나미들, 특히 큰 바다인 태평양에서 일어날 엄

청난 해일은 태평양 주변의 나라들에게 엄청난 해일 피해를 입히고 미

국 서부와 일본열도는 초토화될 것으로 예상되며, 한반도 동해안과

남해안에도 큰 피해가 발생될 것으로 예상된다. 예수님께서는 이날들

을 감하지 않으면 모든 육체가 죽을 것이라 하셨다(마태복음24:22).

계시록 16장 21절에서 이렇게 큰 재앙이 일어나는 것은 아마겟돈의

대 전쟁에서 수많은 사람들이 사탄의 편에 서서 하나님을 대적하였기

때문이라고 했다. 차량 운행 중에 코너를 돌 때 한쪽으로의 쏠림현상

이 차의 속도에 따라 쏠림현상의 힘이 다르게 발생되듯이 대우주 운

행에 따라 지구 궤도의 각도가 바뀌게 되는 것은 예정된 사항이나 그 속도의 조절 여부에 따라 지구에 다가올 자연적 재앙은 엄청난 차이가 날 수 있다. 예수님께서 이날들을 감하지 않으면 모든 육체가 죽을 것이라 하신 말씀은 사람들의 죄의 크기에 따라 우주 운행에 따라 바뀌게 될 지구 궤도 각도의 속도를 조절하실 수 있다는 말씀이다

다니엘 12장 4절 "다니엘아 마지막 때까지 이 말을 간수하고 봉함하라 많은 사람들이 빨리 왕래하며 지식을 더하리라"

자동차, 비행기, 인터넷 등 현시대를 가리킴.

다니엘 12장 11절~12절 "매일 드리는 제사를 폐하여 멸망케 할 미운 물건을 세울 때로부터 일천이백구십일을 지낼 것이요 기다려서 일천삼백삼십오일까지 이르는 그 사람은 복이 있으리라"

이슬람 칼리프 오마르가 638년 예루살렘을 점령한 후 압둘 말리크가 687년 마호메트와 칼리프 오마르를 기리기 위해 지구상에서 가장 치열한 다툼(영적, 육적)이 있는 예루살렘 성전산에 오마르이슬람사원(687-691년)을 최초로 건립할 때로부터 1290년이 지난 1977년-1981년 사이가 재림주님의 탄생기간이고 예루살렘 성전산에 오마르이슬람사원(687-691년)을 최초로 건립할 때로부터 1335년이 경과한 2021년-2026년경이 하나님의 인류구원의 섭리가 마무리 되는 때임을 말씀하신 것이다.

이슬람교의 창시자 마호메트가 하나님께서 보내주신 선지자 중 한 명임에도 그를 기리기 위해 건립한 사원이 미운 물건이 된 이유는 타종교보다 우월성을 과시하기 위한 목적으로 건축된 사원이기 때문이다. 우월성을 과시하기 위한 구조물은 우상숭배로 이어진다. 하나님은 지극히 겸손하시고 고요하시다. 그리고 사랑이시다. 모두가 하나님 앞에 하나인데 자기가 더 우월하다고 편을 가르는 것은 분쟁을 일으키는 사탄이다.

격암유록 생초지락에 "上帝之子(상제지자) 斗牛星(두우성) 西洋結冤離去後(서양결원이거후) 登望遠察世間(등망원찰세간) 二十世後(이십세후) 今時當(금시당) 東方出現(동방출현) 結冤解(결원해)"라고 해, 하나님의 아들 예수님께서 서양에 오셨다가 골고다의 언덕에서 십자가에 매달려 뜻을 다 못 이루시고 원을 품은 채 떠나가셨다. 그 후 하늘에 오르시어 멀리 인간세상을 살펴보시다가 이천 년 이후인 지금의 때에 이르러 동방에 오시어 맺힌 원을 푸신다.

격암유록 은비가에는 다음과 같은 내용이 있다. "人出人出眞人出天時三運三時出初預定人間出(인출인출진인출천시삼운삼시출초예정인간출) 火中初産龍蛇時(화중초산용사시) 次出眞人動出世(차출진인동출세) 水中龍蛇天使出(수중용사천사출) 三聖奠乃降島山(삼성전내강도산) 三辰巳出三聖出(삼진사출삼성출) 地上出人世不知(지상출인세부지)"

사람이 나온다. 사람이 나온다. 세상을 구하실 진인께서 나오신다. 하나님의 시대는 세 번의 운수와 세 번의 때가 있는데 처음 때는 인간으로 출생하고 그때는 丙辰(병진)년인 1976년이나 丁巳(정사)년인 1977년이다. 그 진인께서 차후에 세상으로 나오셔서 활동하실 때는 천사로 오시는데 壬辰(임진)년인 2012년이나 癸巳(계사)년인 2013년이다.

삼성三聖이신 성부와 상자와 성신께서 세상구원을 위해爲 세상乃에 강림을 하신다. 세 번째는 성부와 성자와 성신께서 辰巳(진사)년 즉 丙辰(병진)년인 2024년이나 乙巳(을사)년인 2025년에 지상에 출현하시나 세상의 사람들이 모른다.

> ※ 천사로 오신다는 것은 천사가 하나님의 뜻을 인간들에게 전달하는 일을 수행하였듯이 진인께서도 하나님 진리의 말씀을 사람들에게 전달하기 위해 세상에서 활동하신다는 말씀이다. 3차 강림은 하나님 영의 강림으로 이때는 믿음의 조건이 형성되지 않아 심판을 받는 때이다.

격암유록 승운론에는 "天生有姓人間無名"이라 해서 하늘에서 오는 이의 성씨는 있으나 이름은 없다고 하여 성씨만 알 수가 있고 이름은 알 수가 없다고 했고, "天縱之聖鄭道令은 子子單身無配偶라"라고 해서 하늘이 내신 성인은 의지할 곳이 없는 외로운 홀몸으로 배우자가 없다고 했으며 "何性不知天生子로 無父之子 傳했으니 鄭氏道令알랴거든 馬枋兒只問姓하소"라고 해서 하늘이 낳은 아들로서 어찌 다시 오신 재림주님의 성씨를 알지 못하느냐고 세상

아버지가 없는 아들 즉 예수님이 말씀을 하셨으니 정씨도령을 알려거든 "馬枋兒只問姓하소"라고 해서 재림주님의 성씨를 申씨라고 했다

※ 격암유록은 480년 전 조선 명종 때의 학자 격암 남사고가 천사를 만나 전수 받은 한반도 조선의 예언서로 내용이 요한계시록과 일맥상통하고 요한계시록보다 더욱 자세한 예언을 하였고 인간들이 구원받을 수 있는 방법에 대해 초점을 맞춰 기록된 위대한 예언서이다.

예수님께서 왜 재림의 때도
초라한 인간으로 오셔야 하는가?

예수님께서 재림하실 때 초라한 인간으로 다시 오신다고 했다. 왜 그럴까?

그것은 사람들에게 믿음을 주기 위함이고 믿음이 영생을 얻기 위한 가장 쉬운 방법이기 때문이다. 물론 사람들이 하나님과 예수님을 믿지 않아 영생으로 가는 가장 어려운 길이 되었지만 사실은 믿음이 영생을 얻기 가장 쉬운 방법이다.

그러면 믿음은 무엇을 말하는 것일까?

하나님을 믿고 예수님을 믿어 성당이나 교회를 열심히 다니는 것이 믿음일까?

이천 년 이전 유대교인들이 안식일을 지키며 하나님을 열심히 믿었으나 하나님의 아들 예수그리스도를 십자가에 못을 박았고 예수님도 그들을 믿음이 없는 독사의 자식들이라고 하셨다.

지금의 세상에도 독실한 기독교인들이 지구상에 수백만 또는 수천만이 되는데도 "그러나 인자가 올 때에 세상에서 믿음을 보겠느냐(누가복음18:08)"라고 하신 말씀을 보면 하나님을 믿고 예수님을 믿어 성당이나 교회에 다니며 하나님의 계명을 지키는 것이 믿음이 아니라는 것을 알 수 있다.

그렇다면 믿음이란 과연 무엇일까? 믿음이 무엇인가를 다음 페이지의 글로 표현해 본다.

믿음이란?

어느 날이었어요.
백성들로부터 존경과 사랑을 한 몸에 받던 한 왕자가
남루한 복장을 하고
먼 낯선 지방으로 홀로 여행을 떠났답니다.

그런데 여행 중에 그만 돈이 떨어져
이 집 저 집 구걸하는 신세가 되고 말았지요
"배가 고프니 먹다 남은 음식이 있으면
좀 나누어 주십시오."
"헛간이라도 좋으니 하루 밤만 묵고 가게 해 주십시오"
그러나 집주인은 그의 거지 행색을 보고는
그를 내어 쫓았답니다.
몇몇 집들을 돌아다니며 구걸하였으나

결과는 마찬가지이었지요.
그는 그가 이 나라의 왕자라고 신분을 밝혀보았지만
그들은 그를 미친 사람이라고 생각하여
욕하고 손가락질하며 그에게 돌을 던졌답니다.

불쌍한 백성들의 아픔을
함께하려 한 것이 잘못이었나요?
비천한 이들과 친구가 되려 한 것이 실수였나요?
진실이 그리워 진실을 찾으러 온 것이
헛된 발걸음이었나요?

왕자일 적에 진수성찬을 차려주는 이보다
거지일 적에 따뜻한 말 한마디
따뜻한 밥 한 술 주는 이가 더 마음이 가는 것은
무엇 때문일까?
사람들은 왜 나를 사랑하지 않고
내 자리의 영광과 영화만을 사랑하는 걸까?
시냇물은 왜 바다를 동경하고
바닷물은 왜 흰 구름을 동경하는 걸까?

그 왕자는 쓸쓸히 떠나갔지만
오늘날 그를 믿고 사랑한다는 이들에게
교훈을 남겼지요.

"천국에 가기 위한 노력이 믿음이 아니고
아픔과 고통 그리고 부족한 것을 나누어 갖는 진실 한 사랑이
믿음이라고."

"믿음을 위해서는 초라한 모습으로
 다시 올 수밖에 없노라고."

-끝-